きれいにみえる服

茅木真知子

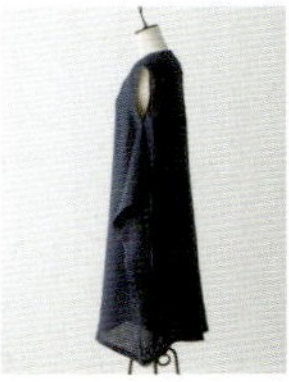

contents

- a 花プリントのリネンで 5 30
- b アイボリーの麻で 6 34
- c リップルでコクーンワンピース 7 36
- d 白麻レースのブラウス 8 38
- e スカラップレースを使って 9 40
- f やわらかリネンで 10 42
- g ボイルのシャツブラウス 12 44
- h 小花模様のローンで 13 51
- i ボイルのふんわりワンピース 14 54
- j 青い花のワンピース 16 50
- k 衿もとにドレープをいれて 17 56
- l ボーダーのポリエステルタフタで 18 47
- m ブルーブラックのワンピース 19 58
- n 大きな衿のコート 20 60
- o ウールガーゼのブラウス 22 64
- p 濃紺のジャンパースカート 23 70
- q フリルつきのカーディガン 24 69
- r 赤いウールガーゼで 25 66
- s リネンボイルのコート 26 74

きれいにみえる服ってどんな服？
はい　こんな服です！という正解がないからつらい……ですね！
着こなしだったり、コーディネートだったりします。

自分の服を縫うというソーイングの楽しみは
いちど知ったらやめられないし続けていきたい素敵な趣味だと思います。

まずは着てみたい！と思う服をつくること。
好きな布でちょうどいいサイズでつくること。
それがきれいにみえる服になったら最高です。

a 花プリントのリネンで

1960年代のばらの花模様を復刻プリントしたリネンです。
透けなくて一枚でさらりと着られるワンピース。
ローウエストからのフレアがとてもきれいにはいりました。
後ろのフレアは少なめです。
明るい色のカーディガンなどはおって春から着たくなります。

作り方30ページ

b

アイボリーの麻で

白とベージュのあいだのいい色の麻に魅かれて
ワンピースをつくりました。
肩さきまでのセミフレンチスリーブで
貝ボタンの前あきです。
脇縫いにはさんだ共布のひもを後ろで結んで
ウエストマークして着ます。
スニーカーやマニッシュなひも靴で。

作り方34ページ

C

リップルでコクーンワンピース

からだにつかないリップルだから
コクーンなシルエットがきれいにでました。
手描きふうのチェックはバイアスの切替えが引き立って効果的。
幅広の共布リボンを後ろで結んで。

作り方36ページ

d

白麻レースのブラウス

白糸刺繍の花ストライプが素敵な白い麻。
なんども広げて眺めて、やっぱりブラウスに。
ひじがかくれる袖丈で後ろはスラッシュあき。
パンツにもスカートにも
コーディネートしやすいブラウスです。

作り方38ページ

e
スカラップレースを使って

裾と袖口にスカラップを使った
チュニック丈のワンピース。
グレーに白の花刺繍レースです。
かんたんなのにおしゃれ着になったのは布のちから。
スカラップの幅にあわせて裾幅を決めたので
脇の縫い目も裾線がきれいにつながりました。

作り方40ページ

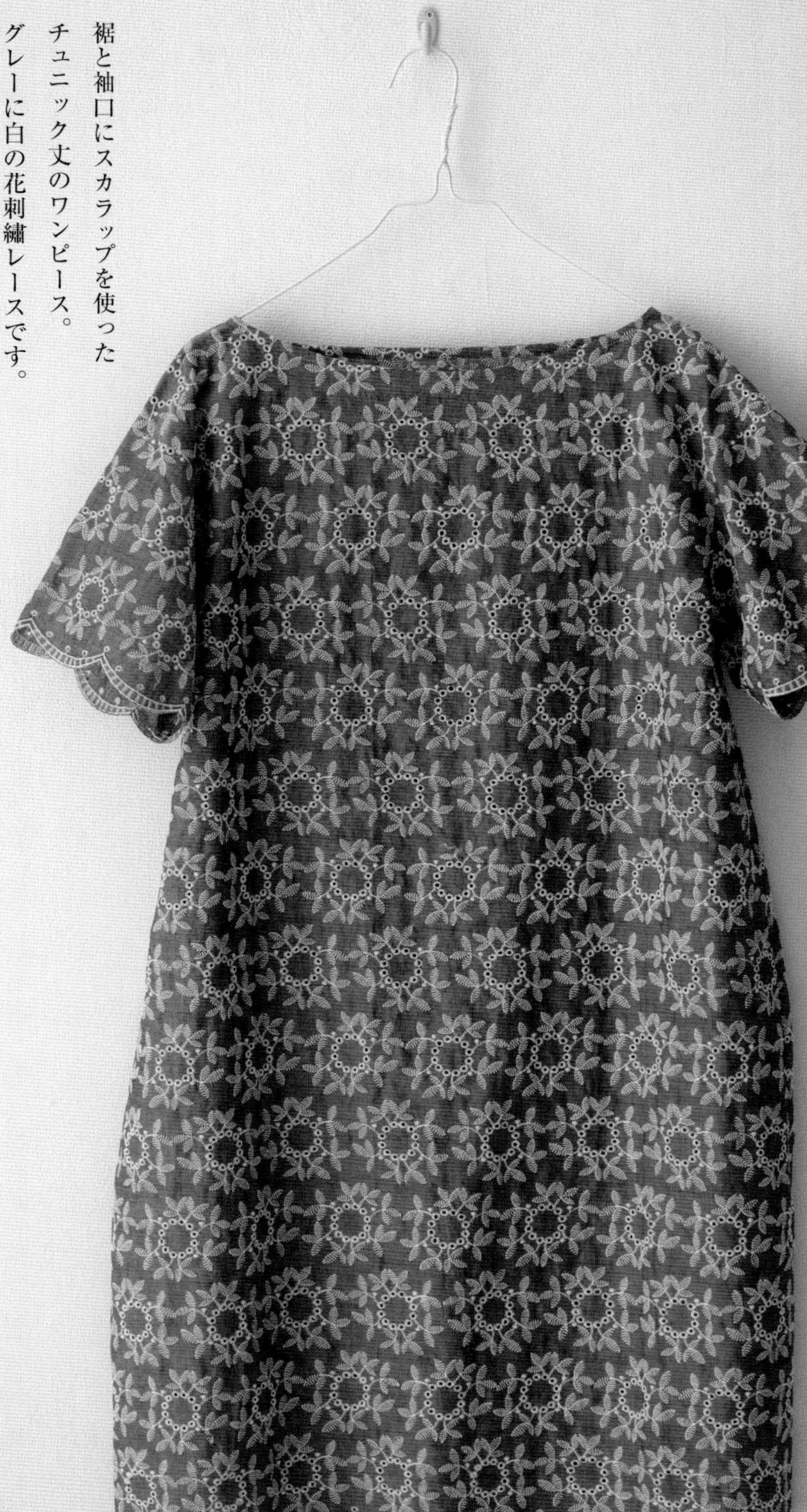

f

やわらかリネンで

やわらかいリネンボイルで脇に大きく布を裁ち出したワンピース。
作り方ページを見るとわかりますが、ちょっとおもしろいパターンなんです。
ひもを前で結んで着ると右ページのようになります。
後ろ姿もきれいにみえるようにセンターにプリーツをいれました。

作り方42ページ

g
ボイルのシャツブラウス

アンティークの布のような黒いボイルのプリントで
丸衿のシャツブラウスを。
ボトムの上から出して着るときに
きちんときれいにみえるように
ブラウジングの裾にしました。

作り方44ページ

h

小花模様のローンで

濃紺に小さな薄紫色の花がとんだローンです。
目のつんだ濃色のローンは薄地でも透けにくいから
裏地をつけなくてもだいじょうぶ。
細いボー結び、ひかえめなギャザーが優しいワンピース。

作り方51ページ

i

ボイルのふんわりワンピース

繊細な草花プリントが素敵なボイルで
ふわっとしたワンピースを。
衿ぐりが立ち上がるように
2cm幅のゴムテープをいれました。
袖口とウエストのゴムテープは
きつくならないように気をつけて。

作り方54ページ

j
青い花のワンピース

ウエスト切替えでふわっとしたスカート……
だれもがイメージするきれいなワンピースって
こんな感じじゃないですか？
無地でもチェックでも、コットンでもシルクでも
好きな布でつくりたいワンピースです。

作り方50ページ

k

衿もとにドレープをいれて

ウエストを軽くブラウジングして着るおとなのワンピース。
ダーツやファスナーもなくかんたんなのにきれいにみえます。
衿もとにやわらかいドレープがでるように
とろんとした綾織りの麻を選びました。

作り方56ページ

1

ボーダーのポリエステルタフタで

jと同じパターンを使って。
スカート丈を5cm長くウエストリボンを幅広にしています。
ストライプをたて、よこにしてみたらかなり違った印象になりました。
布地はメモリー加工のポリエステルタフタです。

作り方47ページ

m

ブルーブラックのワンピース

既製服によく使われているメモリー加工のポリエステルで。
着て動いてみるとわかるニュアンスのある布だから
シンプルでもはなやかさのあるワンピース。
アクセサリーなどでフォーマルドレスにもなるでしょう。
たっぷりギャザーをいれたパフスリーブは
袖口に共布のリボンを結んで。

作り方58ページ

n
大きな衿のコート

ミルクティー色の花が素敵なポリエステルグログラン。
大きな衿の１９６０年代ふうコートです。
張りのある布はコクーンシルエットを
きれいにキープしてくれます。
裏地をつけたので、冬のウールのコートに
応用してください。

作り方60ページ

O

ウールガーゼのブラウス

淡いベージュのウールガーゼに
ウール刺繡をした透けるチュールレースを重ねたブラウスです。
2枚重ねて縫うのでレースの扱いがかんたんです。
脇縫いにはさんだひもは後ろで結んで。

作り方64ページ

p

濃紺のジャンパースカート

広めの肩幅とボックス型のシルエットが今っぽい
おしゃれなジャンパースカート。
縦の切替え線にポケットをつけました。
厚手の濃紺のコットンリネンで。

作り方70ページ

q

フリルつきのカーディガン

「かんたんなのにかわいい」バイアス切りっぱなしのフリルをつけたカーディガン。
ダブルガーゼの裏側の生成色がチラッとみえてフリルがより効果的。
袖つけが苦手なかたにもつくりやすいラグランスリーブですが
伸ばさないように気をつけて縫いましょう。

作り方69ページ

r

赤いウールガーゼで

qの秋冬バージョンを赤いウールガーゼで。
元気をくれるきれいな赤は好きな色のひとつです。
長袖にしてボタンはなしにしました。

作り方66ページ

S
リネンボイルのコート

さらりとはおって着る薄手の麻のコート。
軽くてしなやかなリネンボイルです。
コートは後ろ姿がたいせつ。
衿ぐりからギャザーをいれて、細い共布のひもを結びます。

作り方74ページ

t ウールガーゼのコート

Sの麻のコートのパターンを使って
タータンチェックのウールガーゼでつくりました。
ソーイングは春夏だけのかたが多そうですが
夏服のパターンをそのまま使って秋冬の服もできるんです。
25ページqのようにフリルをつけてもいいですね。

作り方73ページ

how to make

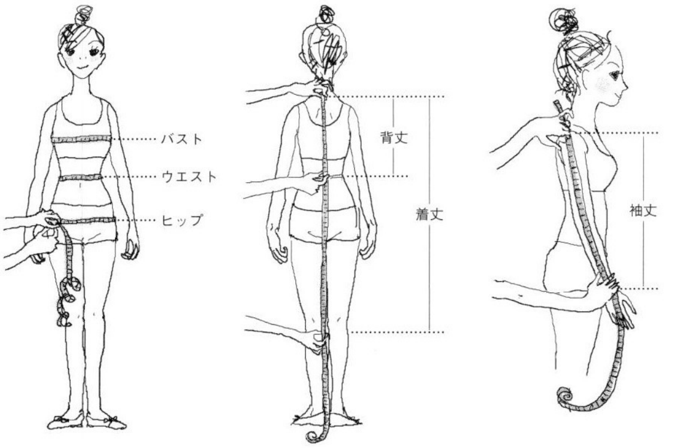

採寸とパターンのゆとりについて

まず、ヌード寸法を下着をつけた状態ではかってみましょう。バスト、ウエスト、ヒップは、メジャーを水平にし、ゆるみを加えず、締めすぎないようにはかります。背丈は首のつけ根からウエストまで。着丈は首のつけ根から裾まで。袖丈は肩先から手首のぐりぐりのところまで。イラストのように腕を自然に前方に下げた状態ではかります。今は袖丈を長めに着ることが多いので、出来上り寸法はこの袖丈に1.5～2cmプラスしてもいいでしょう。
こうしてはかった自分の寸法を参考寸法表と比べてみると、あなたが何号のサイズかわかります。

ヌード寸法 + ゆるみ = 出来上り寸法

それぞれの服の作り方ページにある出来上り寸法には、その服に必要なゆるみがプラスしてあります。ヌード寸法と出来上り寸法は違うので、そこにご注意ください。この本の実物大パターンは3サイズありますので、自分の寸法にいちばん近いパターンを使います。

参考寸法表 (cm)

サイズ / 名称	9号	11号	13号
バスト	82	85	88
ウエスト	64	67	70
ヒップ	90	93	96
背丈	39	39	39
袖丈	54	54	54
身長	163	163	163

着丈は自分の服を参考に

ちょうどいいと思っている自分のスカートやワンピースの後ろ中心の丈をはかって、出来上り寸法と比較してみましょう。裾上げは最後にするので、出来上りに折り、しつけをして試着します。そのとき、必ず靴をはいてみてくださいね。裾のラインはたとえ1cmの違いでもすっきり見えたり、脚のバランスが悪く見えたりするものなので、ここでのひと手間はきっと満足度アップにつながるはずです。チュニックやパンツのときも同様に。

付録のパターンより大きく、または小さくしたいとき

13号よりもう少し大きくしたいときは、身頃の脇で大きくしたい寸法の1/4ずつを広げます。袖やスカートがついているときは、それぞれの幅も広げることを忘れずに。9号より小さくしたいときは、同様に1/4ずつ小さくします。

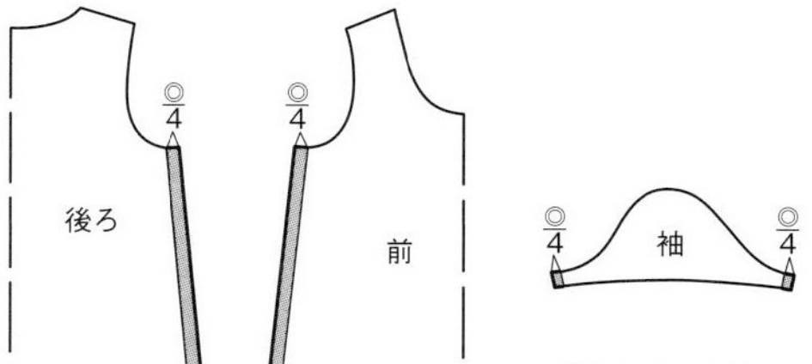

※追加したい寸法＝◎をプラス（マイナス）する

パターンを作るときのポイント

パターンの写し方、縫い代つきのパターンの作り方（ダーツ、衿ぐり、肩先、袖口）は、いちばん後ろのページをご覧ください。

a 花プリントのリネンで

作品5ページ

● 必要なパターン（実物大パターンＡ面）

前、後ろ、前スカート、後ろスカート、

前見返し、後ろ見返し

● 材料

表布（麻）105cm幅 2.3 m

接着芯（見返し分）90cm幅 40cm

接着テープ 1cm幅を 1.5 m（衿ぐり、袖ぐり分）、

1.5cm幅を 60cm（右ファスナーつけ位置分）

ファスナー 56cmを１本

スプリングホック１組み

● 裁合せ図

表布

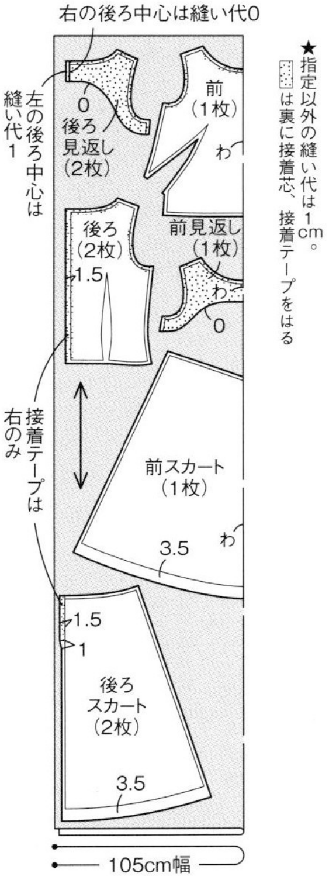

出来上り寸法 (cm)

サイズ／名称	9	11	13
バスト	88.8	91.8	94.8
ウエスト	77.7	80.7	83.7
背肩幅	36.2	37	37.8
着丈	103	103	103

● 縫う前の準備

・前見返し、後ろ見返しの裏面に接着芯をはる

・身頃裏面の衿ぐり、袖ぐりに1cm幅の接着テープをはる

・右ファスナーつけ位置の縫い代裏面に1.5cm幅の接着テープをはる

・身頃とスカートの後ろ中心の縫い代、前後見返しの端にジグザグミシンをかける

● 縫い方順序

1 身頃のダーツを縫う（→ p.31）

2 身頃の肩を縫う（→ p.31）

3 見返しの肩を縫う（→ p.31）

4 身頃に見返しを合わせて、衿ぐりと袖ぐりを縫う（→ p.31、32）

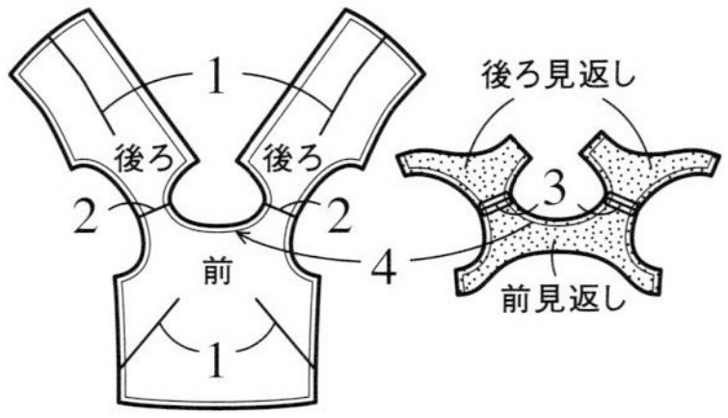

5 身頃と見返しの脇を縫い、袖ぐりを仕上げる（→ p.32）

6 スカートの脇を縫う。前後スカートを中表に合わせて縫い、縫い代は後ろ側に倒す

7 身頃とスカートを縫い合わせる（→ p.32）

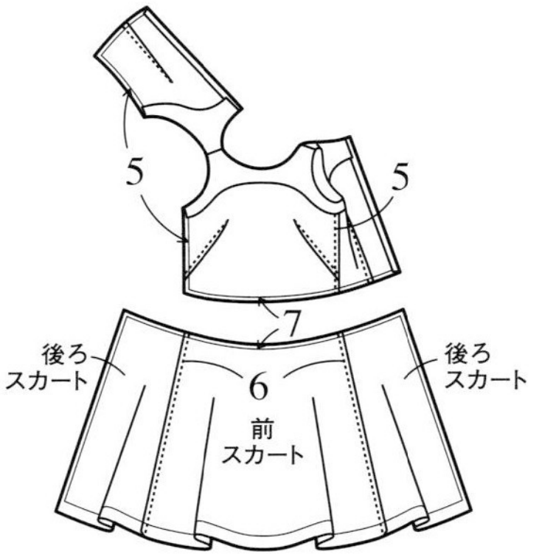

8 後ろ中心を縫って、ファスナーをつける（→ p.33）

9 裾を折ってまつる（→ p.32）

10 ホックをつける（→ p.50）

1 身頃のダーツを縫う

後ろ身頃のダーツ

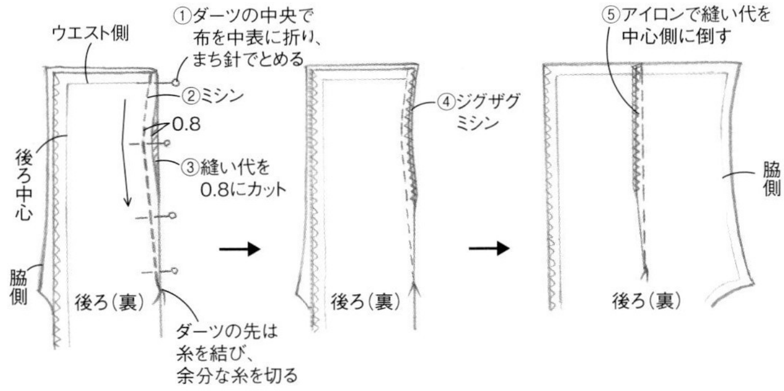

前身頃のダーツ

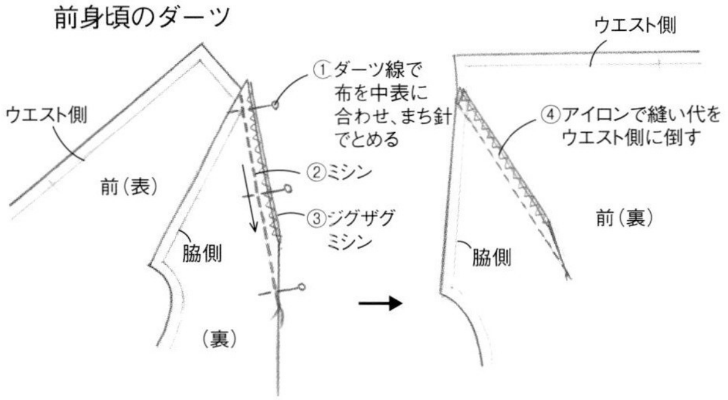

2 身頃の肩を縫う

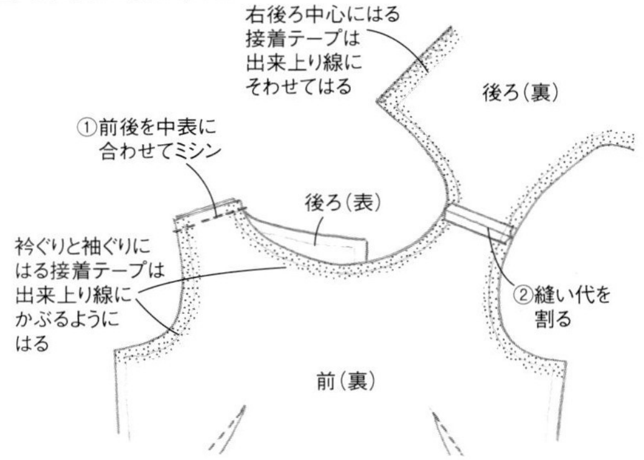

3 見返しの肩を縫う

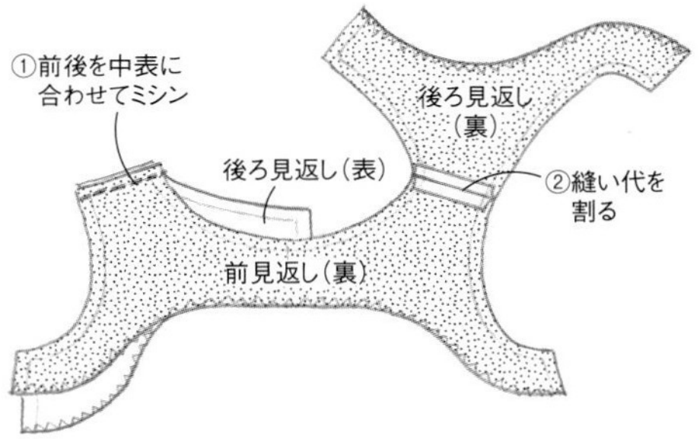

4 身頃に見返しを合わせて、衿ぐりと袖ぐりを縫う

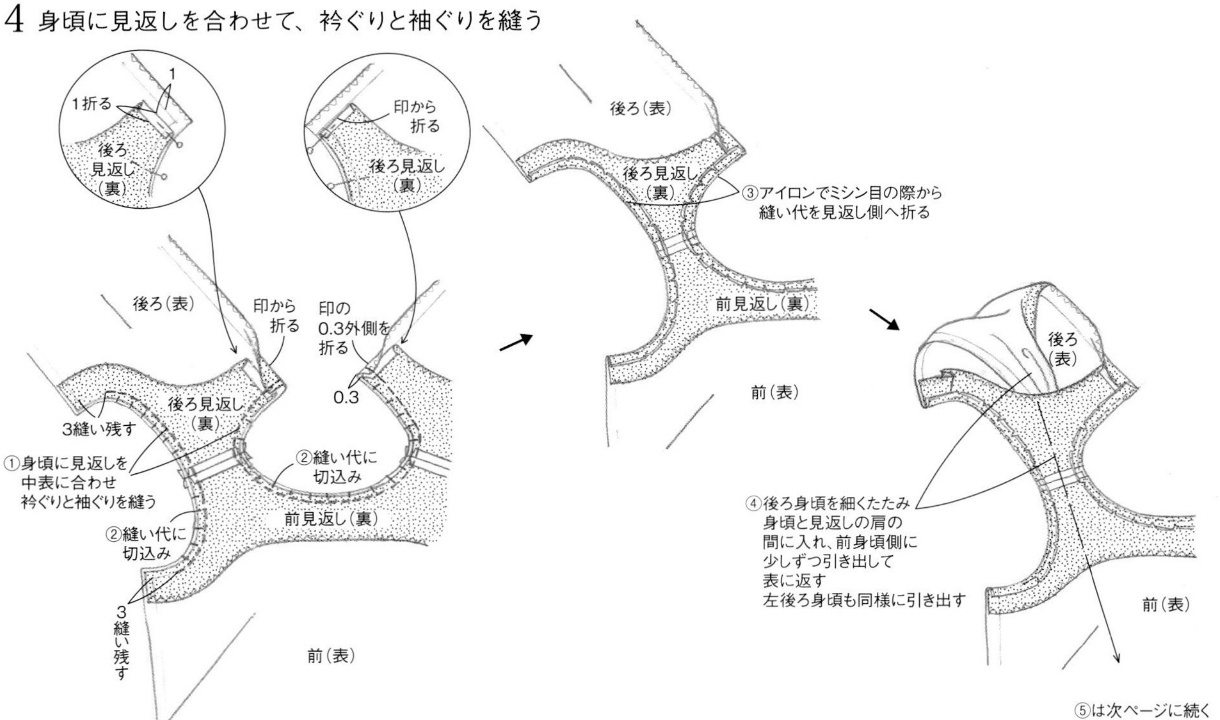

⑤は次ページに続く

前ページからの続き

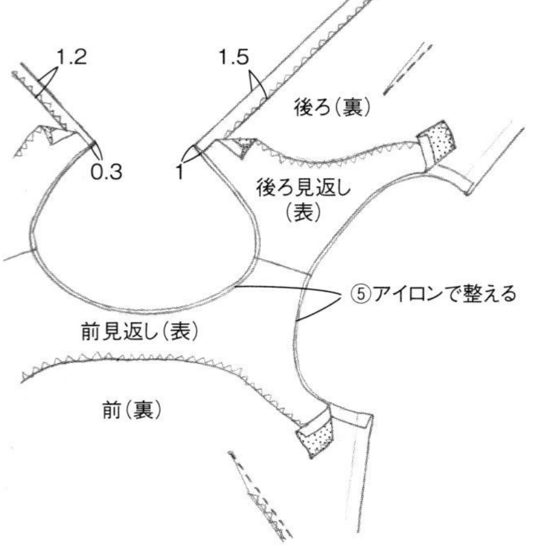

5 身頃と見返しの脇を縫い、袖ぐりを仕上げる

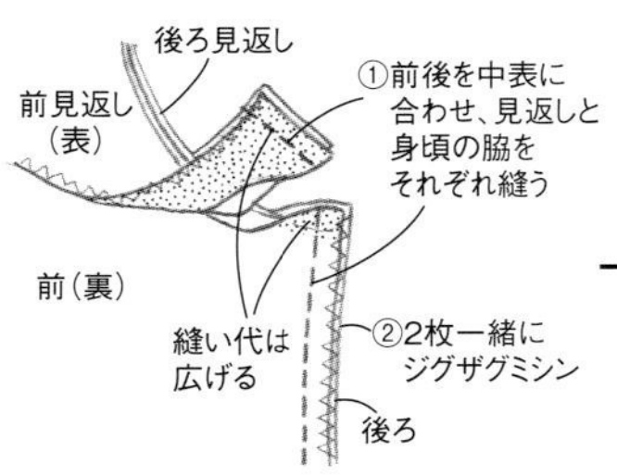

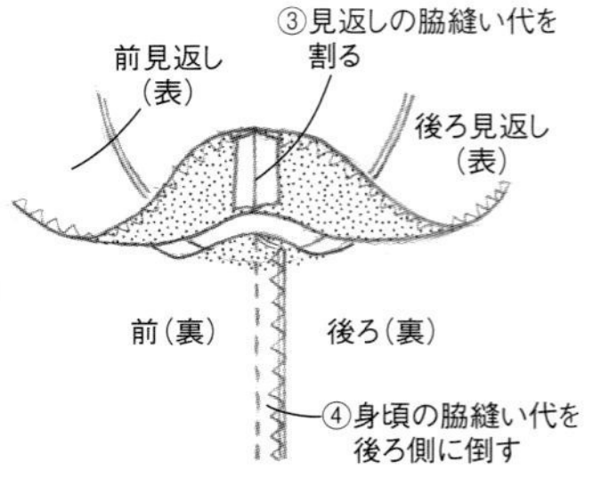

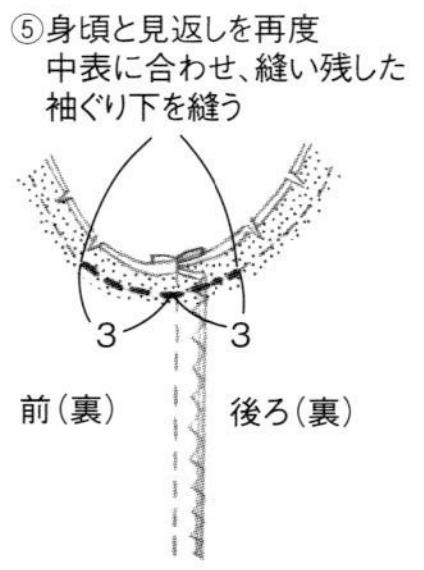

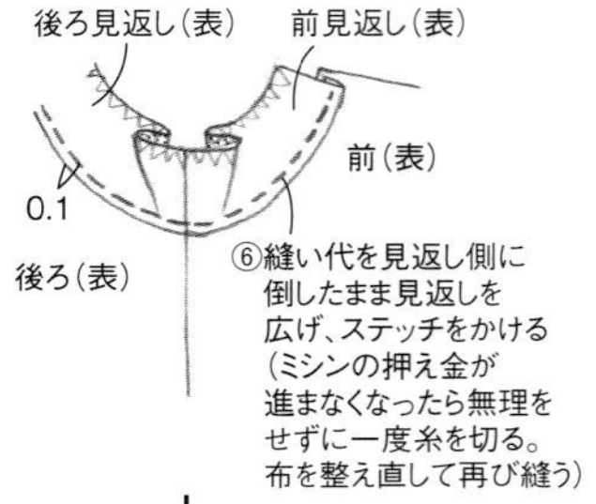

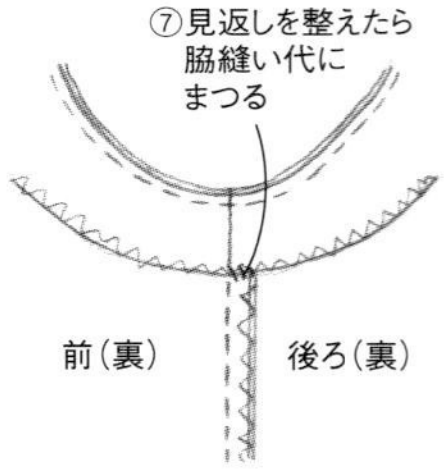

7 身頃とスカートを縫い合わせる

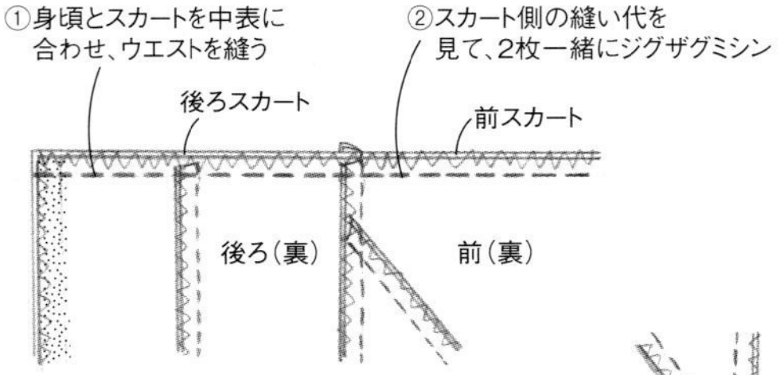

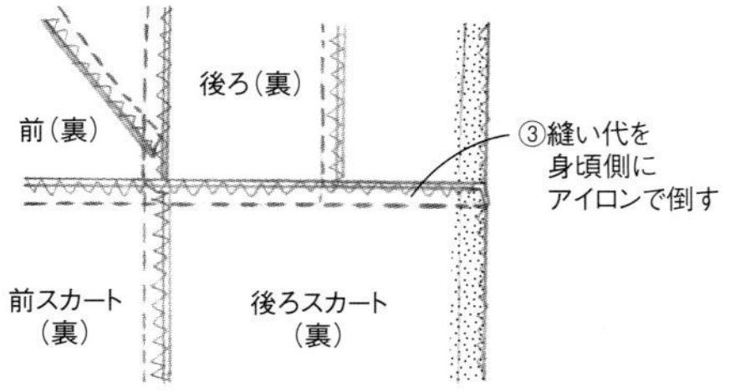

9 裾を折ってまつる

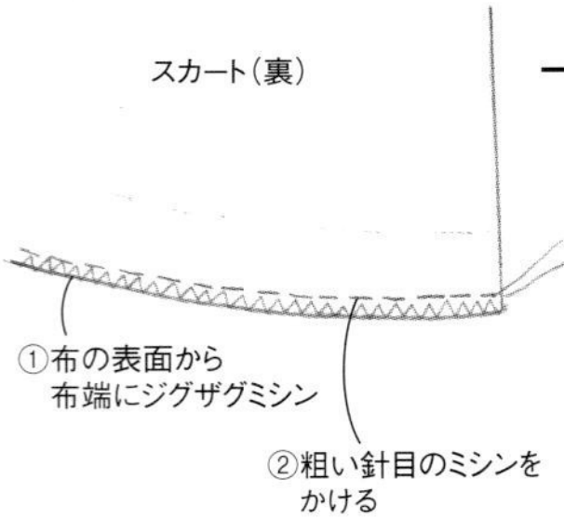

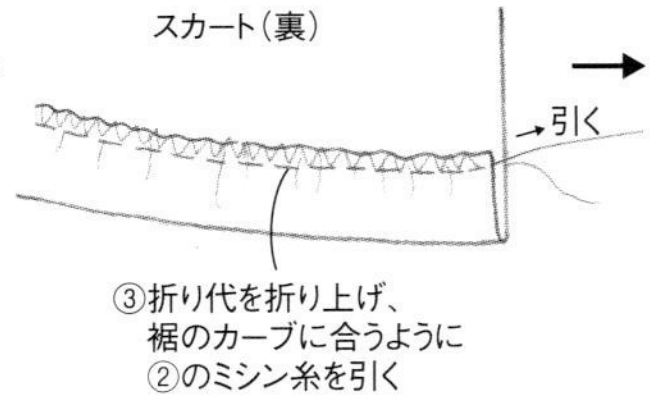

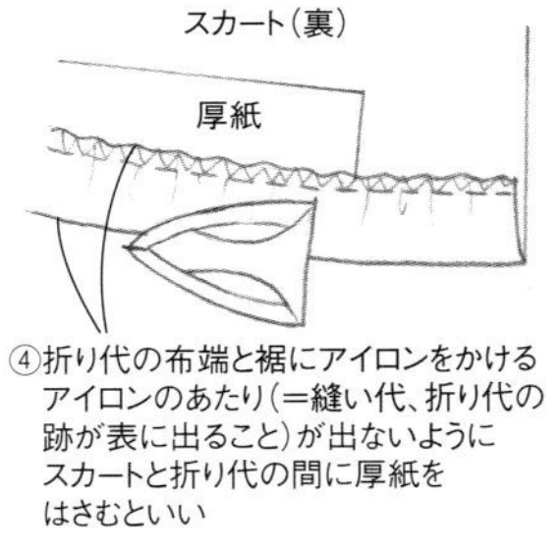

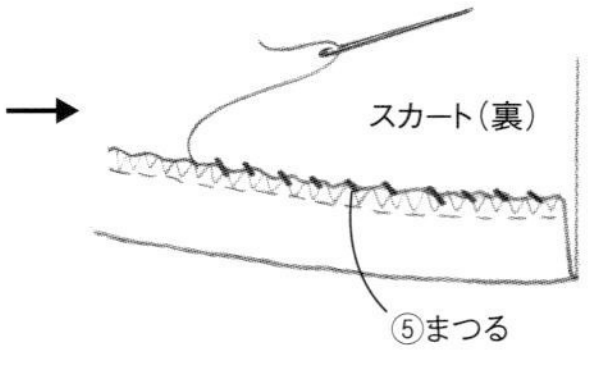

8 後ろ中心を縫って、ファスナーをつける

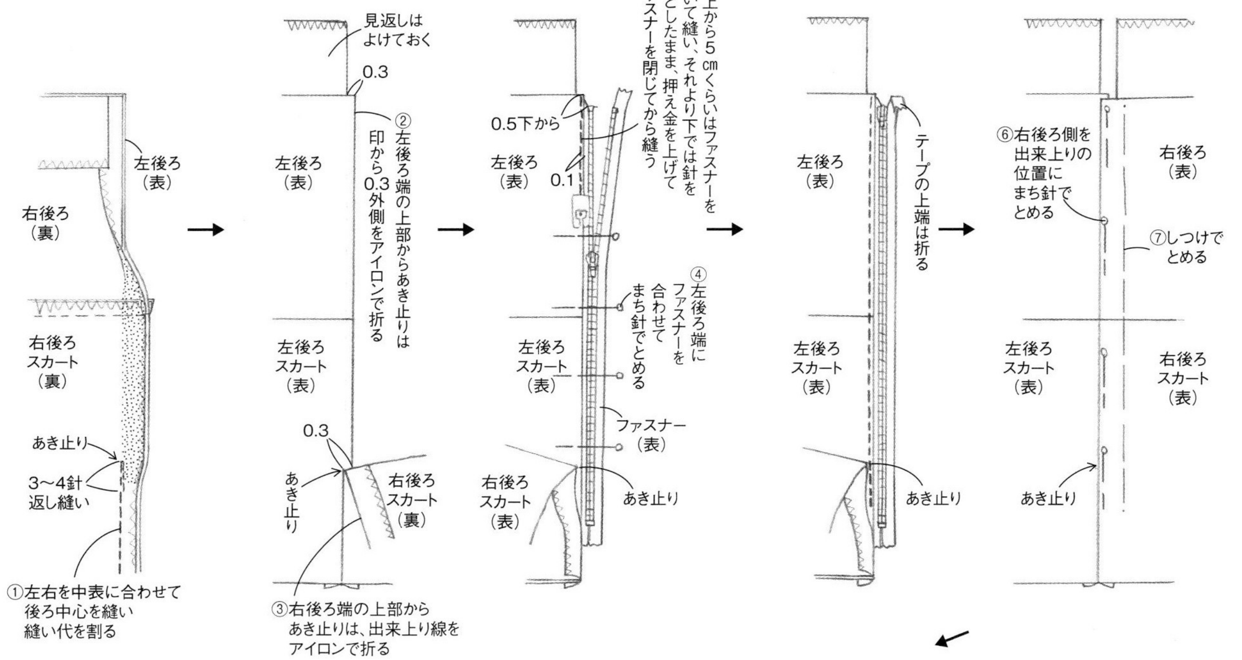

左後ろ（表）
右後ろ（裏）
右後ろスカート（裏）
あき止り
3～4針返し縫い
①左右を中表に合わせて後ろ中心を縫い縫い代を割る
見返しはよけておく
0.3
②左後ろ端の上部からあき止りは印から0.3外側をアイロンで折る
左後ろ（表）
左後ろスカート（表）
0.3
あき止り
右後ろスカート（裏）
③右後ろ端の上部からあき止りは、出来上り線をアイロンで折る
⑤上から5㎝くらいはファスナーを開いて縫い、それより下では針を落としたまま、押え金を上げてファスナーを閉じてから縫う
0.5下から
0.1
左後ろ（表）
④左後ろ端にファスナーを合わせてまち針でとめる
左後ろスカート（表）
ファスナー（表）
右後ろスカート（表）
あき止り
テープの上端は折る
左後ろ（表）
左後ろスカート（表）
あき止り
⑥右後ろ側を出来上りの位置にまち針でとめる
右後ろ（表）
⑦しつけでとめる
左後ろスカート（表）
右後ろスカート（表）
あき止り

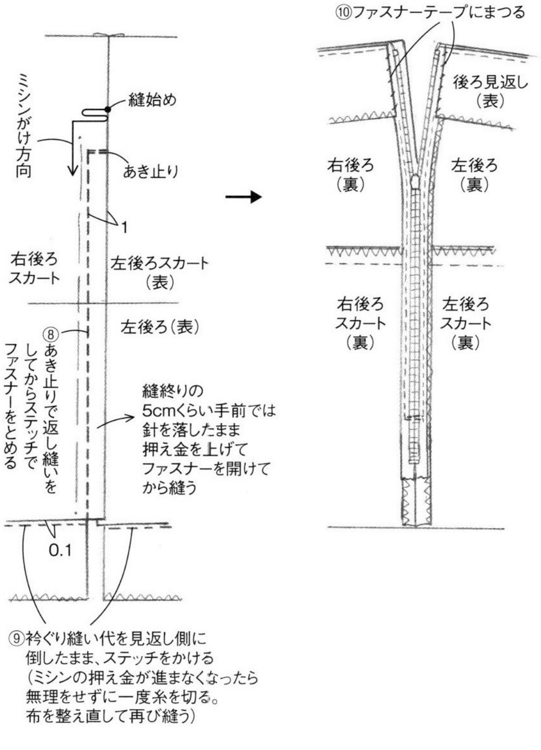

縫始め
ミシンがけ方向
あき止り
1
右後ろスカート
左後ろスカート（表）
左後ろ（表）
⑧あき止りで返し縫いをしてからステッチでファスナーをとめる
縫終りの5cmくらい手前では針を落としたまま押え金を上げてファスナーを開けてから縫う
0.1
⑨衿ぐり縫い代を見返し側に倒したまま、ステッチをかける（ミシンの押え金が進まなくなったら無理をせずに一度糸を切る。布を整え直して再び縫う）
⑩ファスナーテープにまつる
後ろ見返し（表）
右後ろ（裏）
左後ろ（裏）
右後ろスカート（裏）
左後ろスカート（裏）

かぎ側ホック
受け側ホック
3.5

b アイボリーの麻で

作品6ページ

● 必要なパターン（実物大パターン C 面）

前、後ろ、前見返し、後ろ見返し

※ひもは、裁合せ図で示した寸法を直接布地にしるして裁つ

● 材料

表布（麻）136㎝幅 2.1 m

接着芯（見返し分）90㎝幅 60㎝

ボタン直径 1.7㎝を 5 個

● 裁合せ図

表布

★指定以外の縫い代は 1cm。

▒ は裏に接着芯をはる

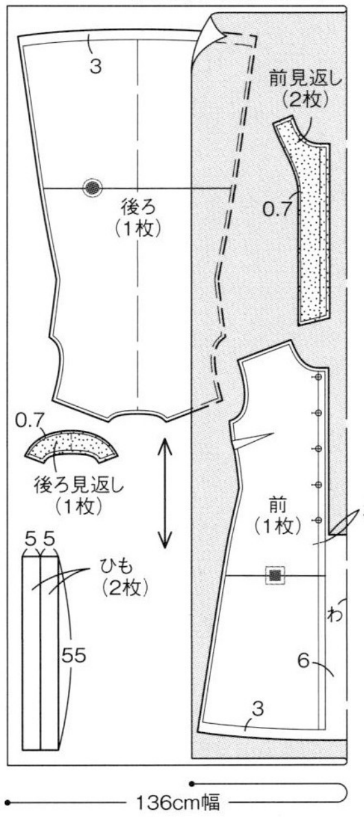

出来上り寸法 （cm）

サイズ / 名称	9	11	13
バスト	93.7	96.7	99.7
ウエスト	84.5	87.5	90.5
背肩幅	43	43.8	44.6
着丈	105	105	105

● 縫う前の準備

・前見返し、後ろ見返しの裏面に接着芯をはる

・前後見返しの端にジグザグミシンをかける

● 縫い方順序

1 ダーツを縫う（→ p.50）

2 身頃の肩を縫う。前後を中表に合わせて縫い、縫い代は後ろ側に倒す

3 見返しの肩を縫う（→ p.34）

4 身頃に見返しをつけて、前あきを作る（→ p.35）

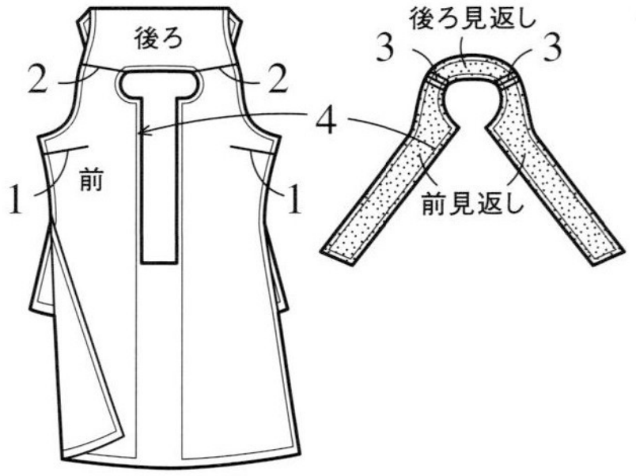

5 ひもを作って（→ p.39）、身頃に仮どめする（→ p.75）

6 脇を縫う（→ p.75）

7 袖ぐりを三つ折りにして縫う

8 裾を三つ折りにして縫う

9 ボタンホールを作って、ボタンをつける（→ p.53）

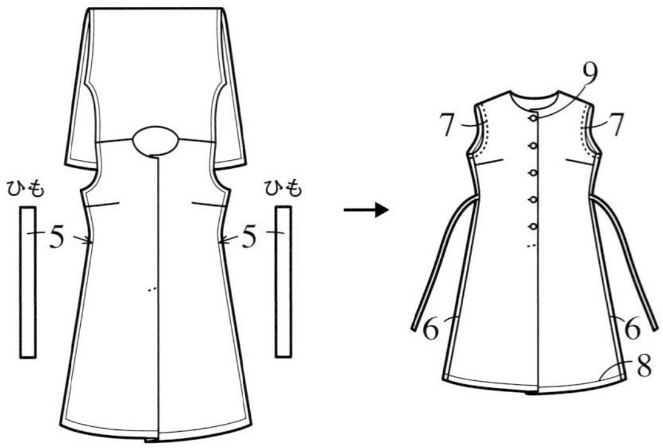

3 見返しの肩を縫う

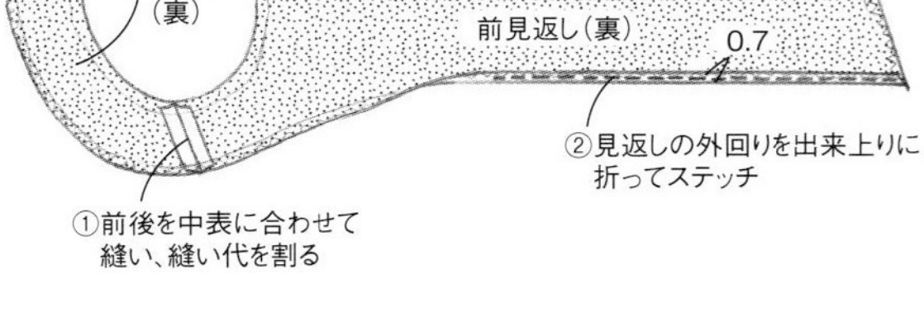

4 身頃に見返しをつけて、前あきを作る

見返しの縫い方

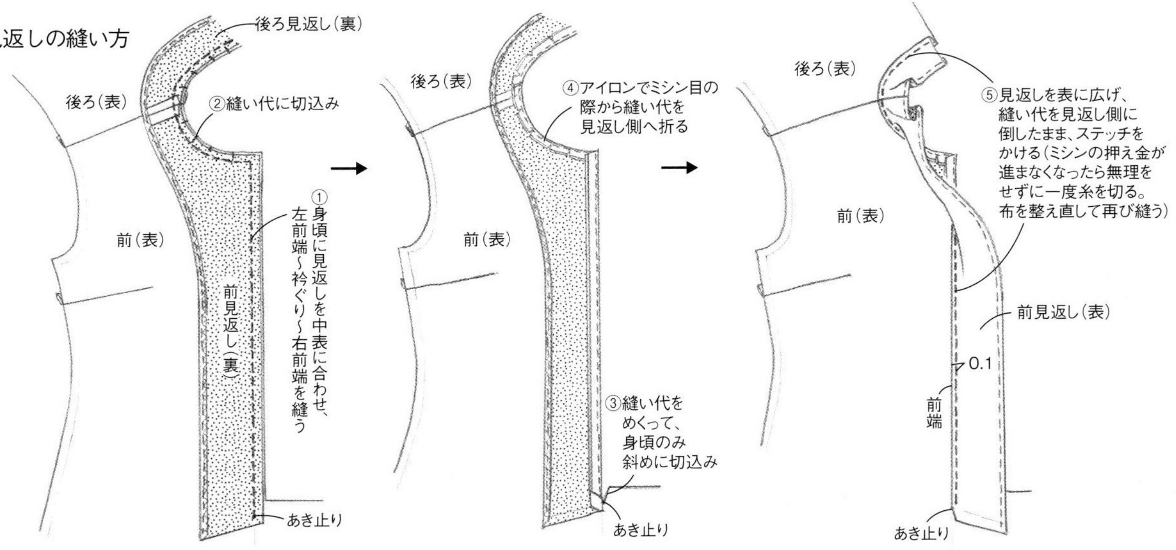

後ろ見返し（裏）
後ろ（表）
②縫い代に切込み
前（表）
①身頃に見返しを中表に合わせ、左前端～衿ぐり～右前端を縫う
前見返し（裏）
あき止り
後ろ（表）
④アイロンでミシン目の際から縫い代を見返し側へ折る
前（表）
③縫い代をめくって、身頃のみ斜めに切込み
あき止り
後ろ（表）
⑤見返しを表に広げ、縫い代を見返し側に倒したまま、ステッチをかける（ミシンの押え金が進まなくなったら無理をせずに一度糸を切る。布を整え直して再び縫う）
前（表）
前見返し（表）
0.1
前端
あき止り

前あきの作り方

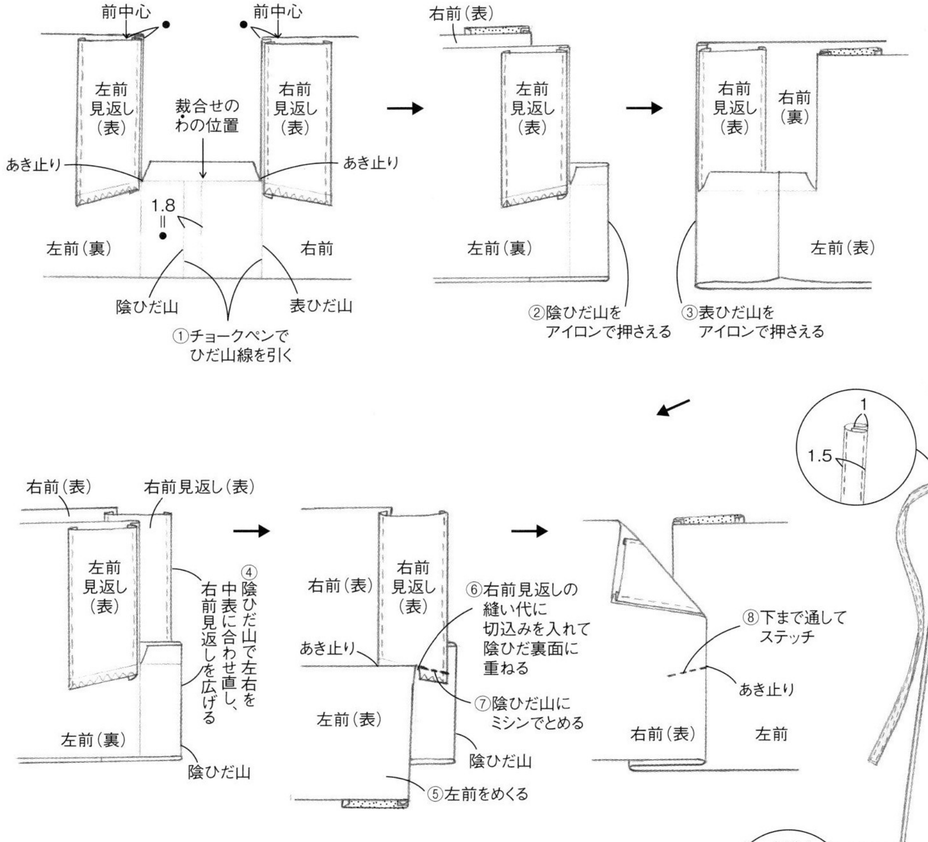

前中心
前中心
左前見返し（表）
裁合せのわの位置
右前見返し（表）
あき止り
あき止り
1.8
左前（裏）
右前
陰ひだ山
表ひだ山
①チョークペンでひだ山線を引く
右前（表）
左前見返し（表）
左前（裏）
②陰ひだ山をアイロンで押さえる
右前見返し（表）
右前（裏）
左前（表）
③表ひだ山をアイロンで押さえる
右前（表）
右前見返し（表）
左前見返し（表）
④陰ひだ山で左右を中表に合わせ直し、右前見返しを広げる
左前（裏）
陰ひだ山
右前（表）
右前見返し（表）
あき止り
⑥右前見返しの縫い代に切込みを入れて陰ひだ裏面に重ねる
左前（表）
⑦陰ひだ山にミシンでとめる
陰ひだ山
⑤左前をめくる
⑧下まで通してステッチ
あき止り
右前（表）
左前

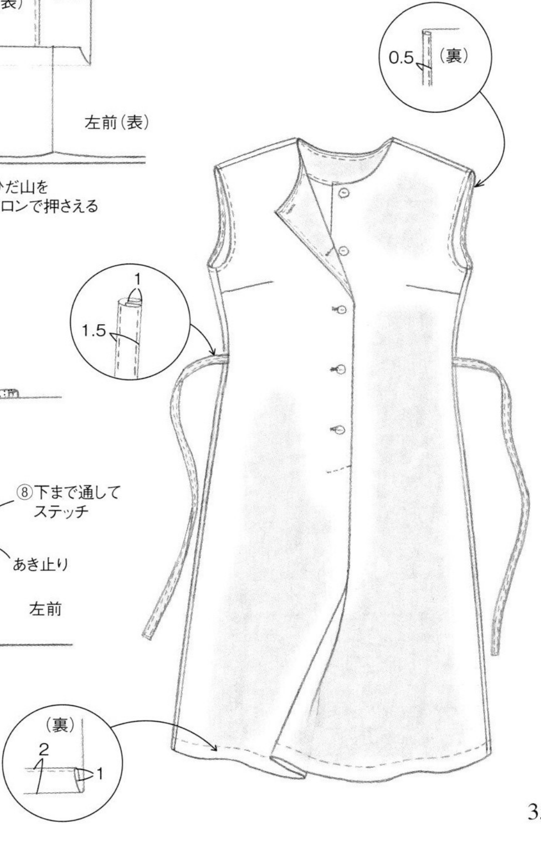

0.5
（裏）
1
1.5
（裏）
2
1

C リップルでコクーンワンピース

作品7ページ

● **必要なパターン**（実物大パターンＡ面）

前、後ろ、前後裾、リボン、前見返し、後ろ見返し

● **材料**

表布（コットンリネンのリップル）110cm幅３ｍ

接着芯（見返し、前衿ぐりの角の力布分）90cm幅20cm

ボタン直径1cmを１個

● **裁合せ図**

表布

★指定以外の縫い代は1cm。

□は裏に接着芯をはる

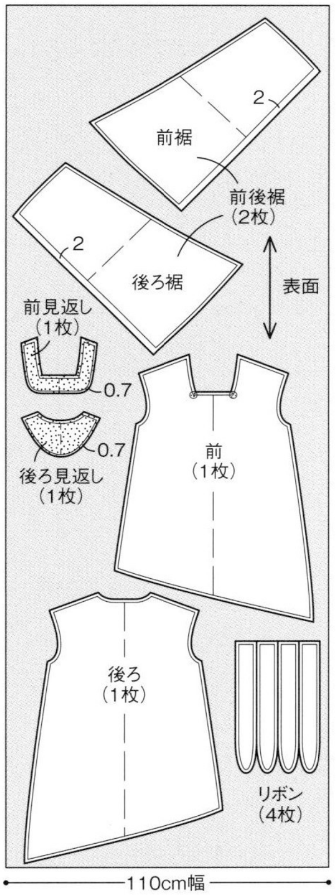

出来上り寸法 (cm)

サイズ／名称	9	11	13
バスト	100	103	106
背肩幅	48	48.8	49.6
着丈	110	110	110

● **縫う前の準備**

・前見返し、後ろ見返しの裏面に接着芯をはる

・前衿ぐりの角には補強のため直径3cmにカットした接着芯をはる

・前後見返しの端にジグザグミシンをかける

● **縫い方順序**

1 身頃の肩を縫う。

前後を中表に合わせて縫い、縫い代は後ろ側に倒す

2 見返しの肩を縫う（→ p.37）

3 身頃に見返しを合わせて、衿ぐりと後ろあきを縫う（→ p.37）

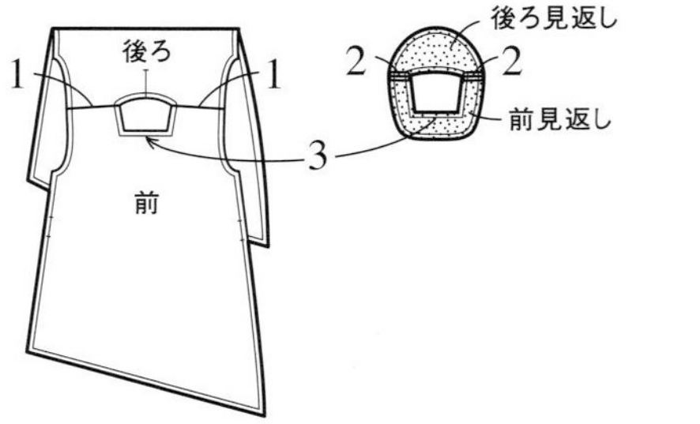

4 前身頃と前裾、後ろ身頃と後ろ裾をそれぞれ縫い合わせる。

身頃と裾を中表に合わせて縫い、縫い代は身頃側に倒す

5 リボンを作って、身頃に仮どめする（→ p.37）

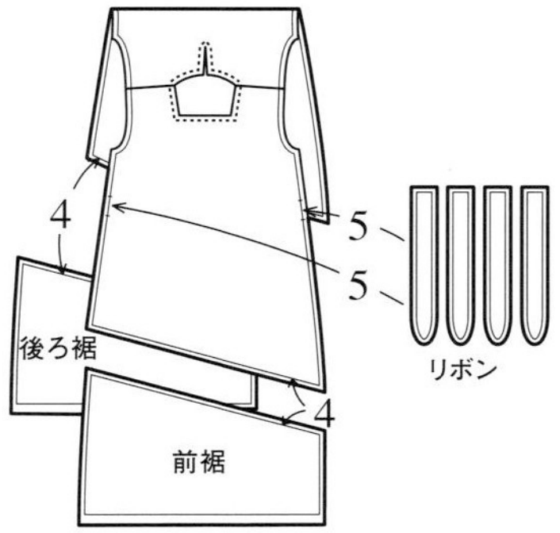

6 脇を縫う（→ p.37）

7 袖ぐりを三つ折りにして縫う

8 裾を三つ折りにして縫う

9 糸ループを作って（→ p.58）、ボタンをつける

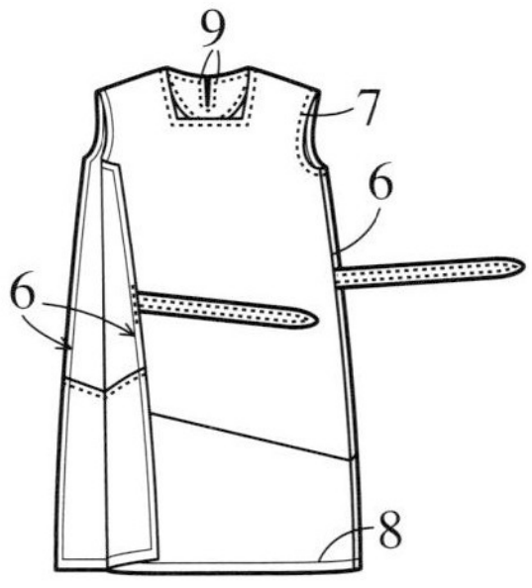

2 見返しの肩を縫う

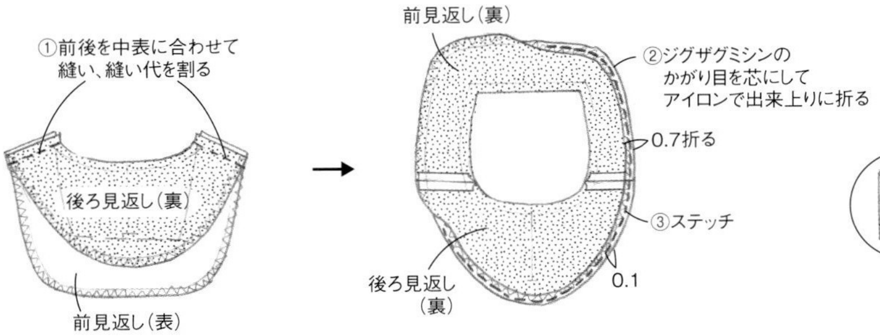

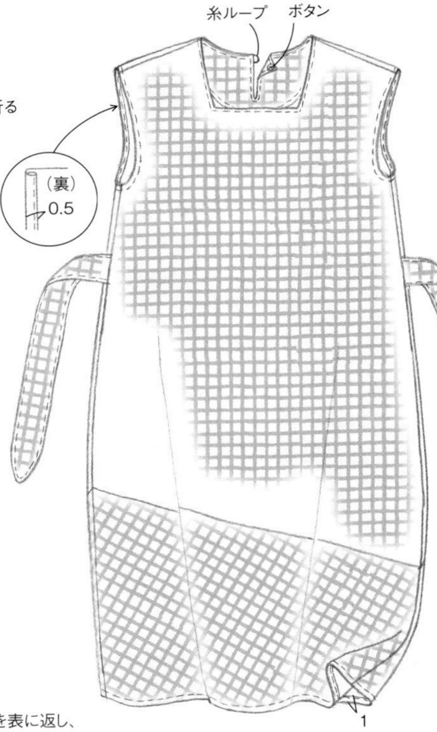

3 身頃に見返しを合わせて、衿ぐりと後ろあきを縫う

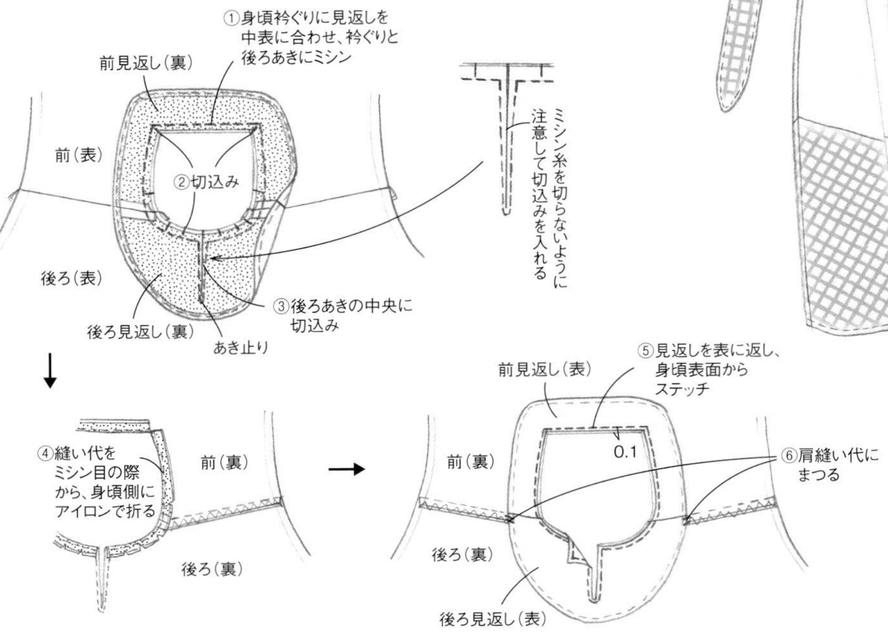

5 リボンを作って、身頃に仮どめする

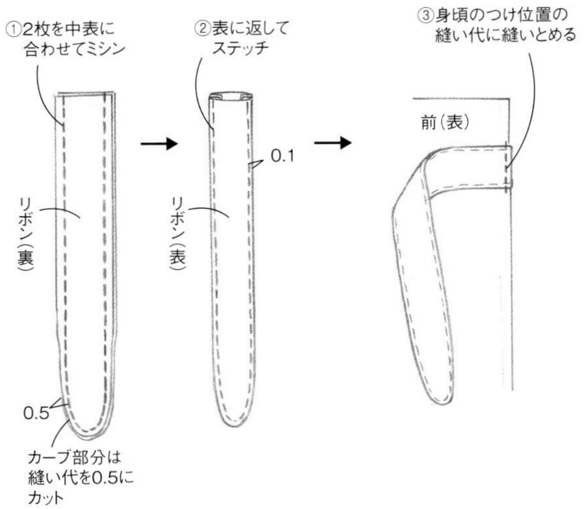

6 脇を縫う

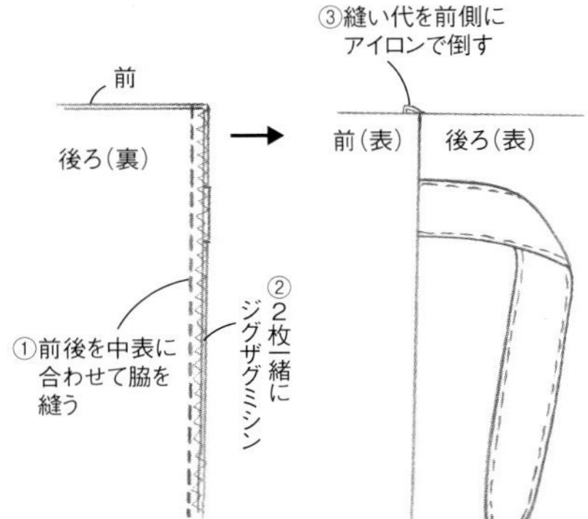

d 白麻レースのブラウス

作品8ページ

● **必要なパターン**（実物大パターンA面）

前、後ろ、袖、カフス、ひも

※後ろあき縁とり布、衿ぐり用バイアステープは、裁合せ図で示した寸法を直接布地にしるして裁つ

● **材料**

表布（刺繍入りリネン）110㎝幅 1.6 m

ボタン直径 1㎝を 1 個

● **裁合せ図**

表布

★指定以外の縫い代は 1cm。

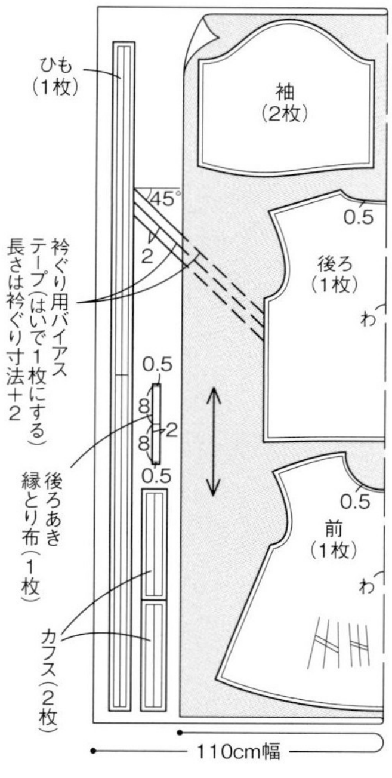

出来上り寸法 (cm)

サイズ／名称	9	11	13
バスト	99.5	102.5	105.5
背肩幅	49.4	50.2	51
着丈	53	53	53
袖丈	35.2	35.4	35.6

● **縫い方順序**

1 後ろあきを作る（→ p.39）

2 前タックをたたんで仮どめする（→ p.38）

3 肩を縫う。前後を中表に合わせて縫い、縫い代は後ろ側に倒す

4 衿ぐりをバイアステープで始末する（→ p.39）

5 身頃に袖をつけて（→ p.52）、ステッチをかける（→ p.41）

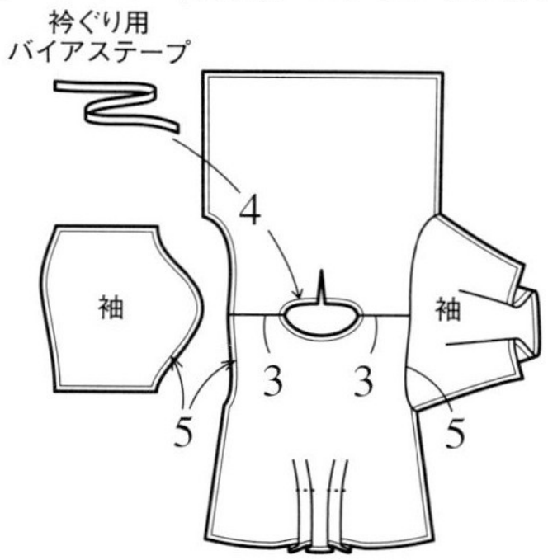

6 袖下と脇を続けて縫う（→ p.52）

7 袖口にギャザーを寄せて、カフスをつける（→ p.52）

8 裾を三つ折りにして縫う

9 ひもを作って、前身頃に縫いとめる（→ p.39）

10 糸ループを作って（→ p.58）、ボタンをつける

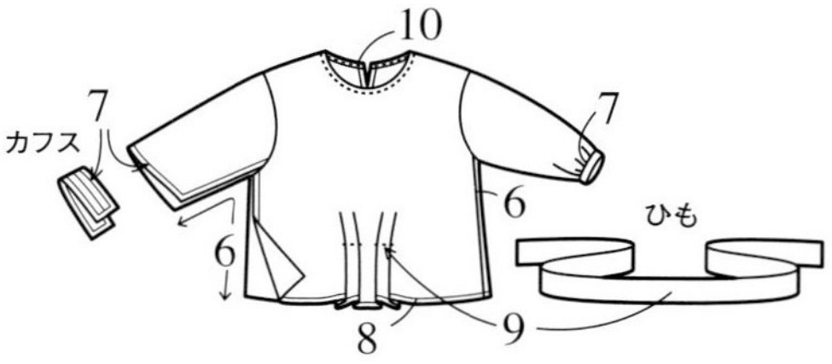

2 前タックをたたんで仮どめする

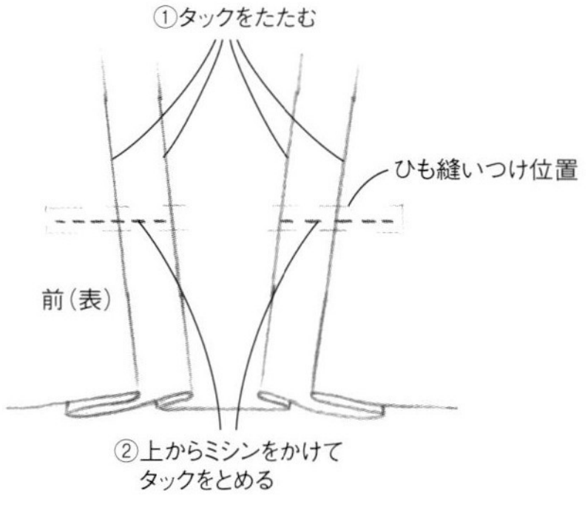

1 後ろあきを作る

縁とり布の作り方

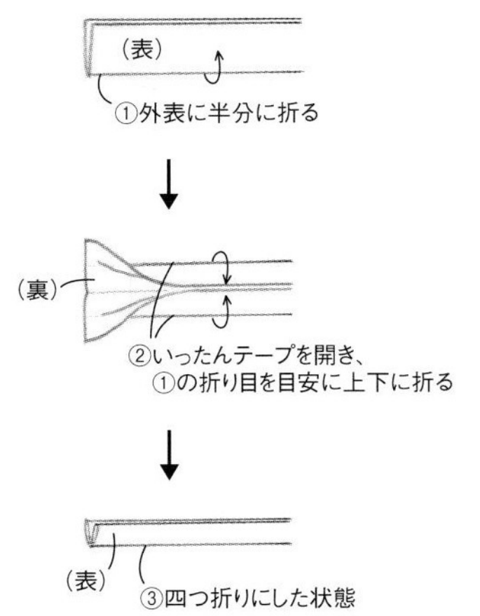

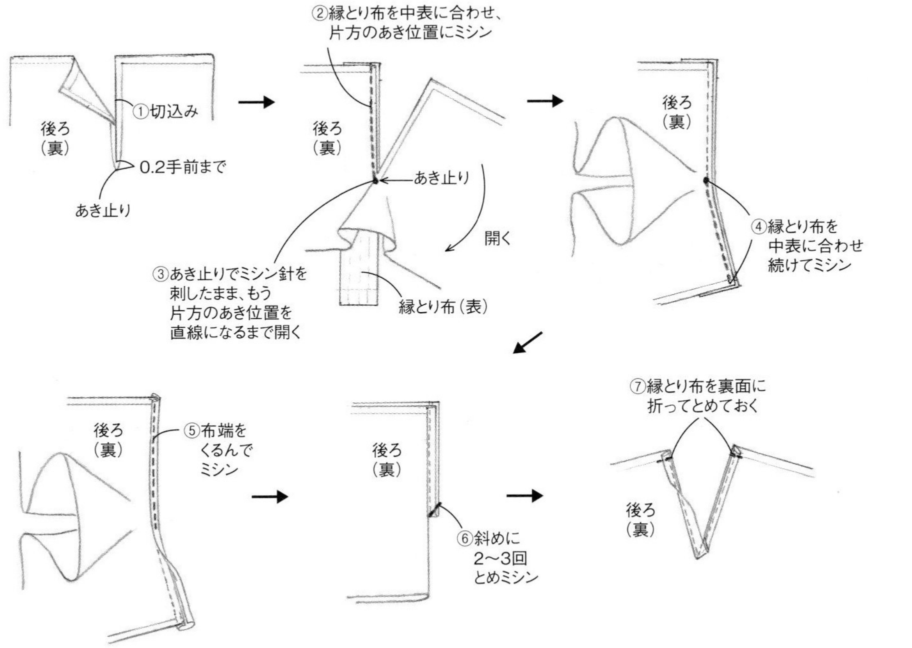

9 ひもを作って、前身頃に縫いとめる

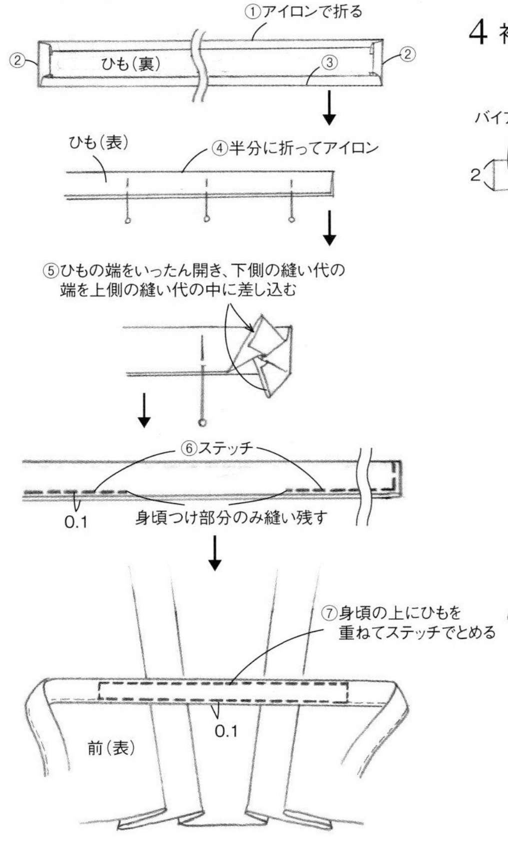

4 衿ぐりをバイアステープで始末する

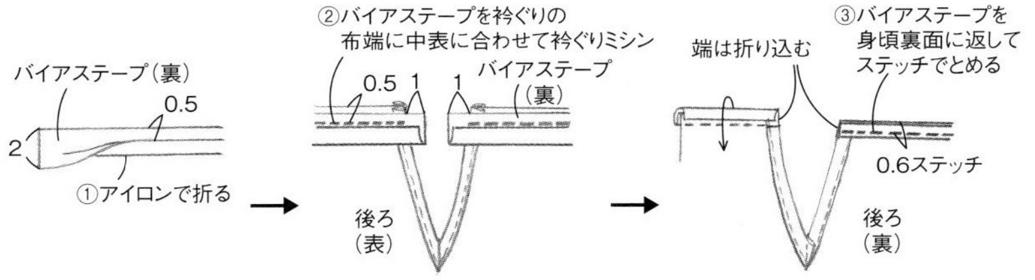

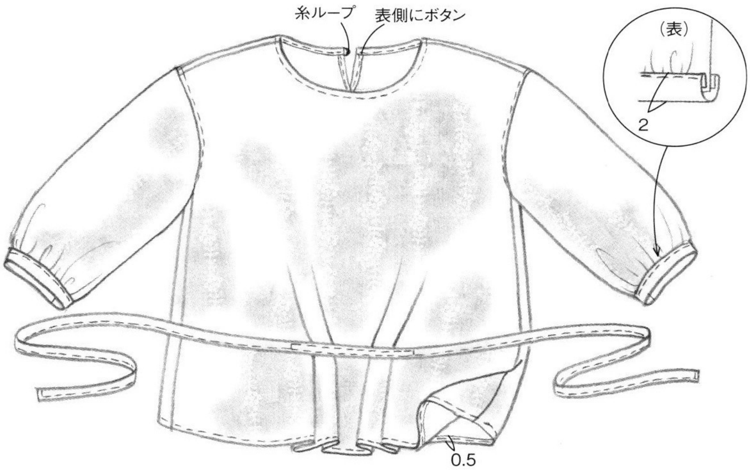

e スカラップレースを使って

作品9ページ

● 必要なパターン（実物大パターンＡ面）

前、後ろ、袖

※衿ぐり用バイアステープは、裁合せ図で示した寸法を直接布地にしるして裁つ

● 材料

表布（両耳がスカラップのコットンレース）

132㎝幅 1.4 m

● 裁合せ図

表布

★指定以外の縫い代は 1cm。

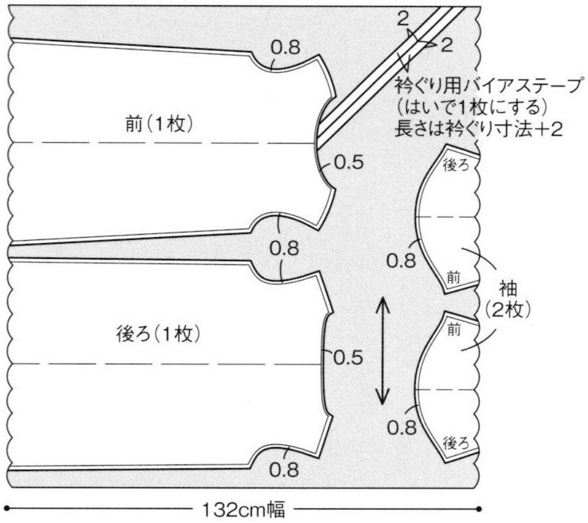

● スカラップレースの裁合せ方

裾にスカラップ部分を使う場合は、脇で前後のレースの柄がつながるように裁合せを考えます。基本は柄が乱れずに仕上がるレースの谷に縫い目がくるようにします。

また裾幅がレースの谷位置にうまく当てはまらない場合は、裾幅を広げてパターンの脇線を少し修正します。

袖口の場合は、レースの谷が袖の中心線になるようにパターンを配置します。

9 号サイズの場合

裾幅は掲載のスカラップレースの８柄に当てはまるので、ちょうどレースの谷にパターンの中心線がくるように配置します。

11、13 号サイズの場合

裾幅が広くなるので、スカラップレースの９柄になるようにレースの山にパターンの中心線を合わせます。そのままでは脇線がレースの谷にこないので、裾幅を両脇でレースの谷まで広げて袖下から裾まで脇線を引き直します。この新しい脇線に縫い代をつけて裁ちます。

● 縫い方順序

1 肩を縫う。前後を中表に合わせて縫い、縫い代は後ろ側に倒す

2 衿ぐりをバイアステープで始末する（→ p.41）

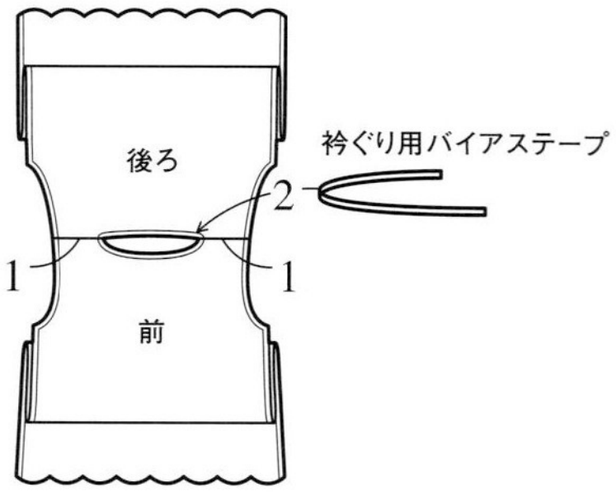

3 身頃に袖をつけて（→ p.52）、ステッチをかける（→ p.41）

4 袖下と脇を続けて縫う（→ p.41）

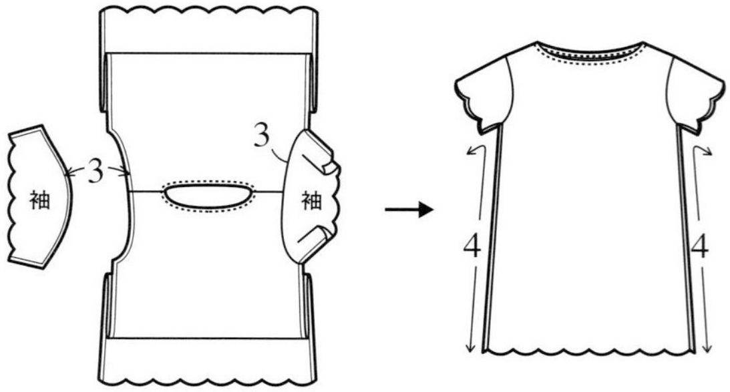

9号サイズの場合

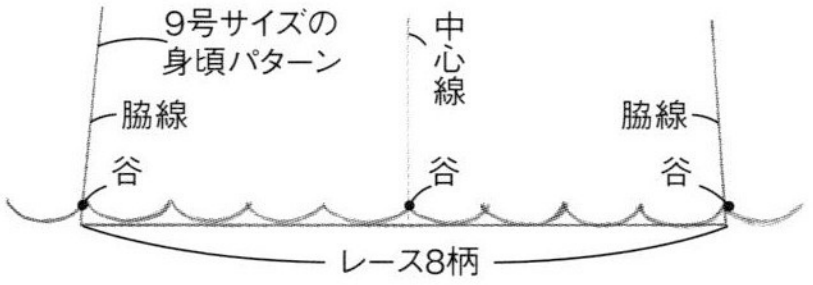

11、13号サイズの場合

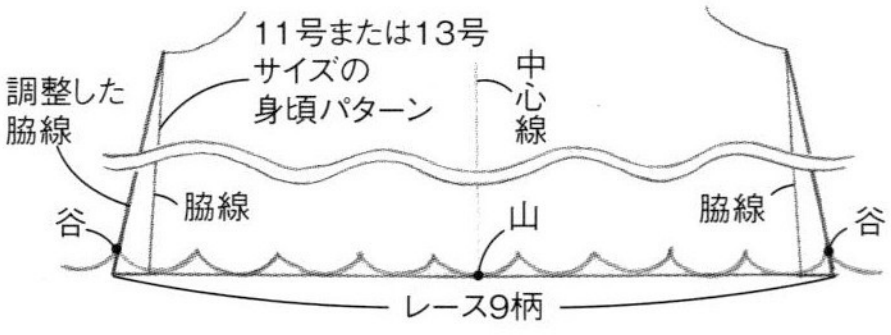

2 衿ぐりをバイアステープで始末する

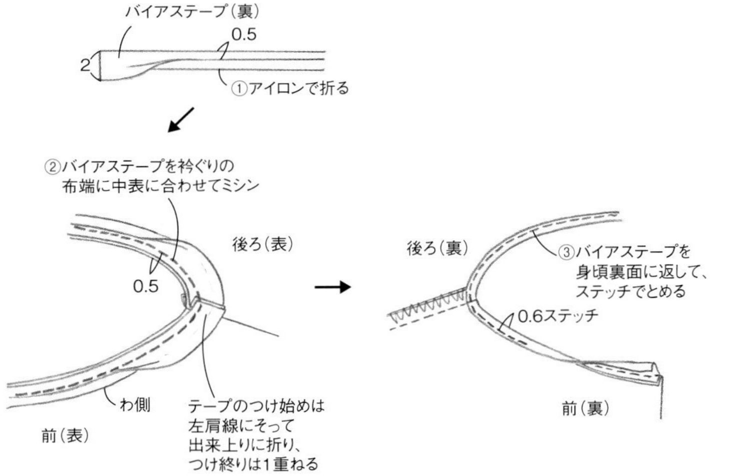

3 身頃に袖をつけて、ステッチをかける

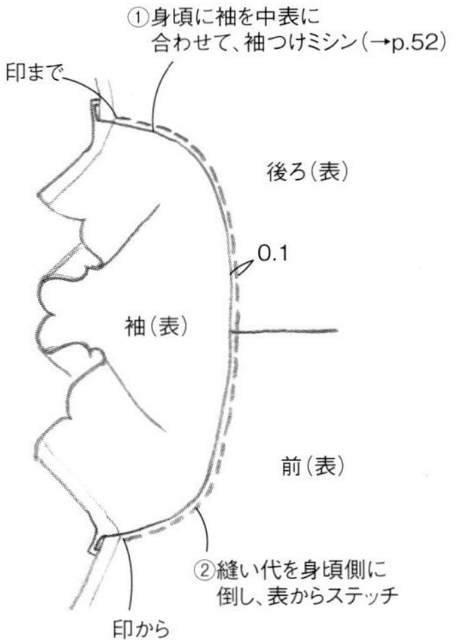

4 袖下と脇を続けて縫う

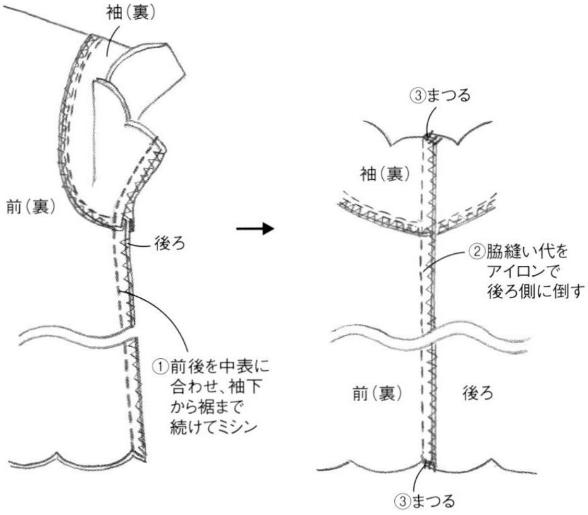

出来上り寸法 （cm）

名称 ＼ サイズ	9	11	13
バスト	109	112	115
背肩幅	52.1	52.9	53.7
着丈	87.4	87.4	87.4
袖丈	16.5	16.6	16.7

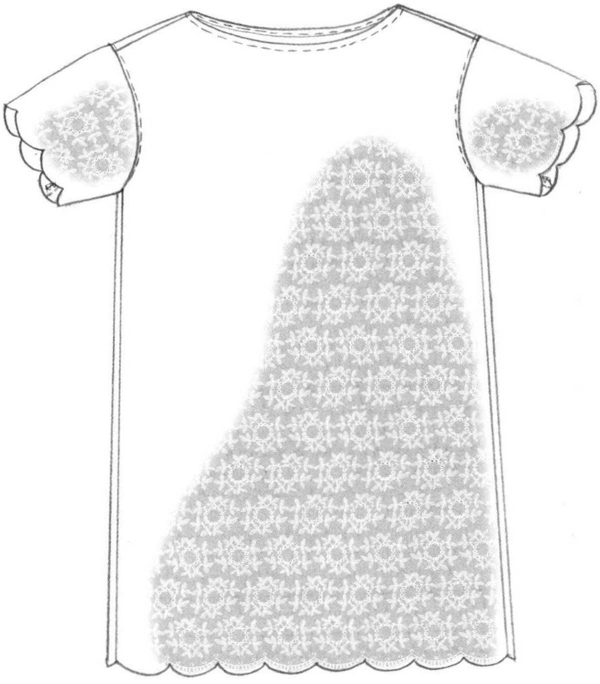

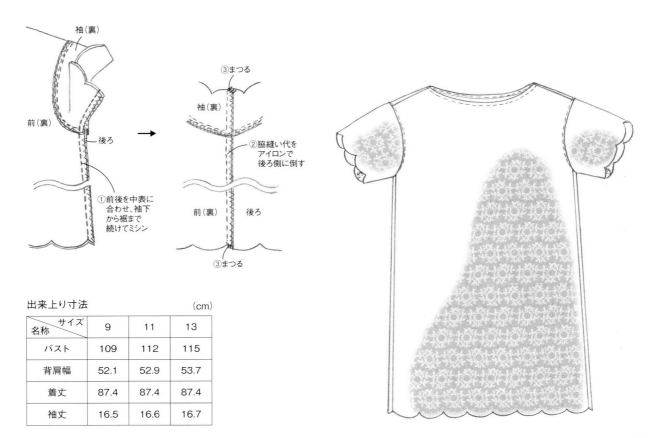

f やわらかリネンで

作品10ページ

● **必要なパターン**（実物大パターン D 面）

前、後ろ、前見返し、後ろ見返し

※ひもは、裁合せ図で示した寸法を直接布地にしるして裁つ

● **材料**

表布（麻）116cm幅 2.4 m

接着芯（見返し、前衿ぐりの角と袖下の力布分）90cm幅 20cm

ボタン直径 1.1cmを１個

● **裁合せ図**

表布

★指定以外の縫い代は 1cm。
は裏に接着芯をはる

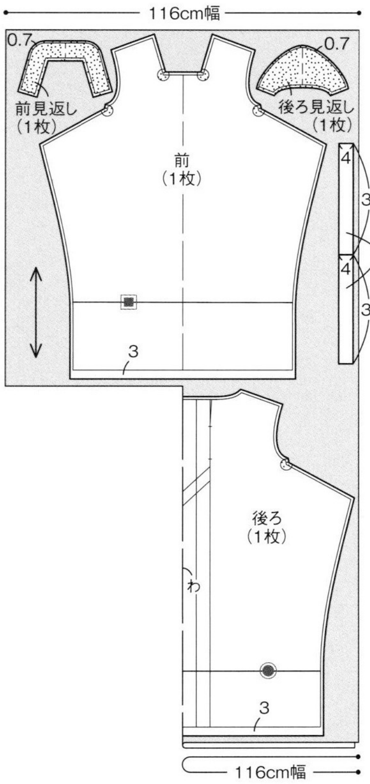

出来上り寸法 （cm）

サイズ / 名称	9	11	13
バスト	100	103	106
背肩幅	45.2	46	46.8
着丈	110	110	110

● **縫う前の準備**

・前見返し、後ろ見返しの裏面に接着芯をはる

・前衿ぐりの角、袖下には補強のため直径 3cmにカットした接着芯をはる

・前後見返しの端にジグザグミシンをかける

● **縫い方順序**

1 後ろ中心を縫って、プリーツをたたむ（→ p.43）

2 身頃の肩を縫う。前後を中表に合わせて縫い、縫い代は後ろ側に倒す

3 見返しの肩を縫う（→ p.37）

4 身頃に見返しを合わせて、衿ぐりと後ろあきを縫う（→ p.43）

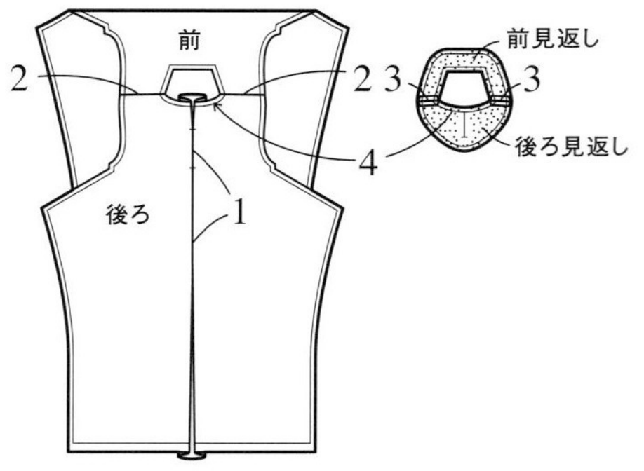

5 袖ぐりを三つ折りにして縫う（→ p.43）

6 ひもを作って、身頃に仮どめする（→ p.43）

7 脇を縫って、袖下を仕上げる（→ p.43）

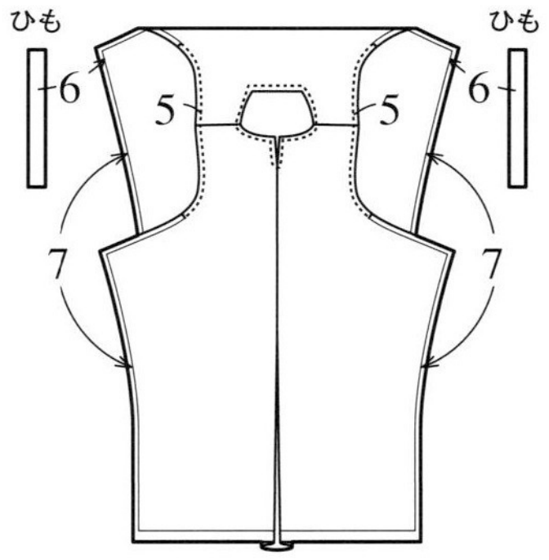

8 裾を三つ折りにして縫う

9 脇にステッチをかける

10 糸ループを作って（→ p.58）、ボタンをつける

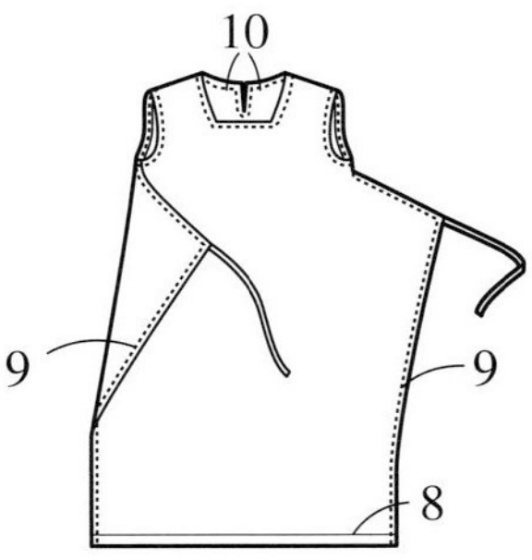

1 後ろ中心を縫って、プリーツをたたむ

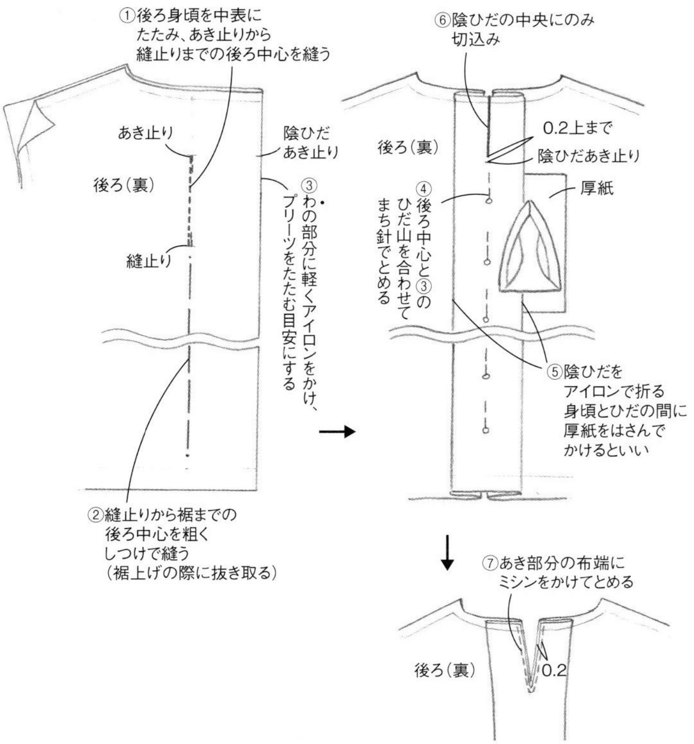

4 身頃に見返しを合わせて、衿ぐりと後ろあきを縫う

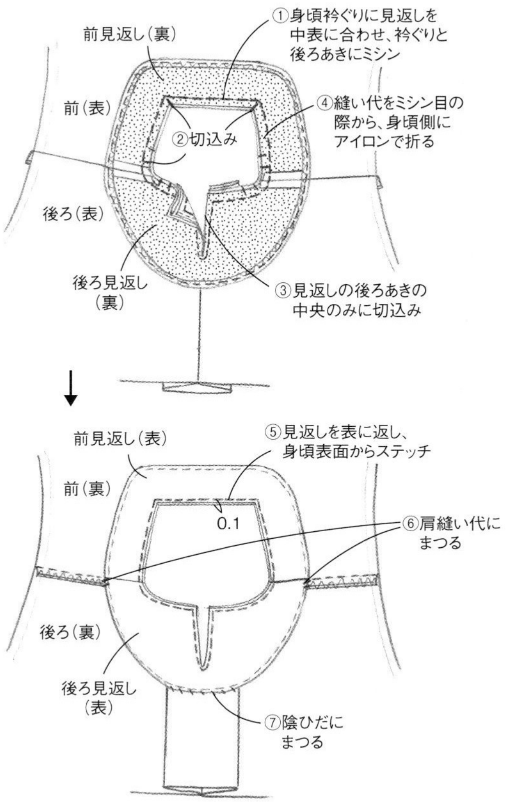

5 袖ぐりを三つ折りにして縫う

6 ひもを作って、身頃に仮どめする

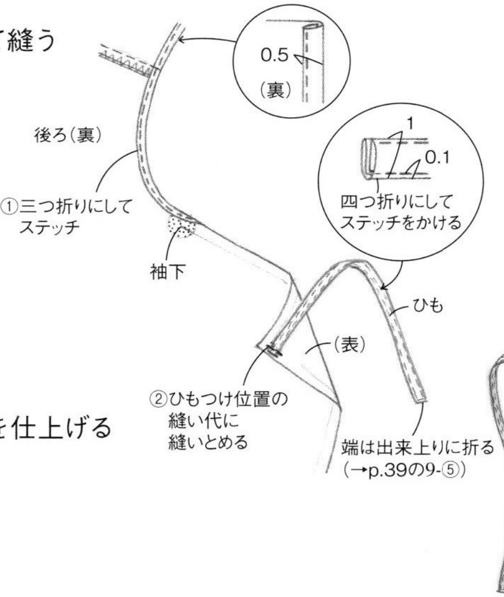

7 脇を縫って、袖ぐり下を仕上げる

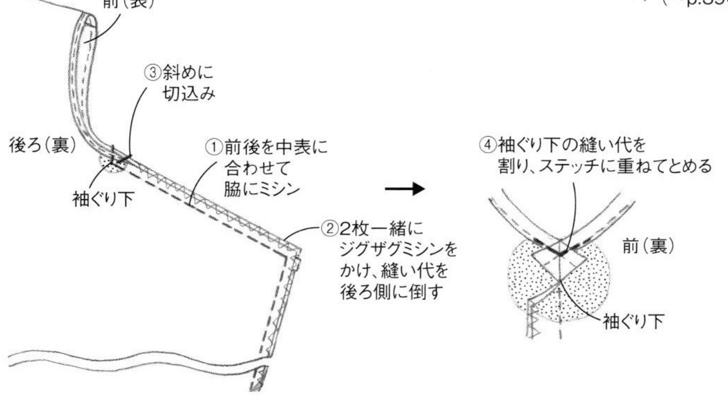

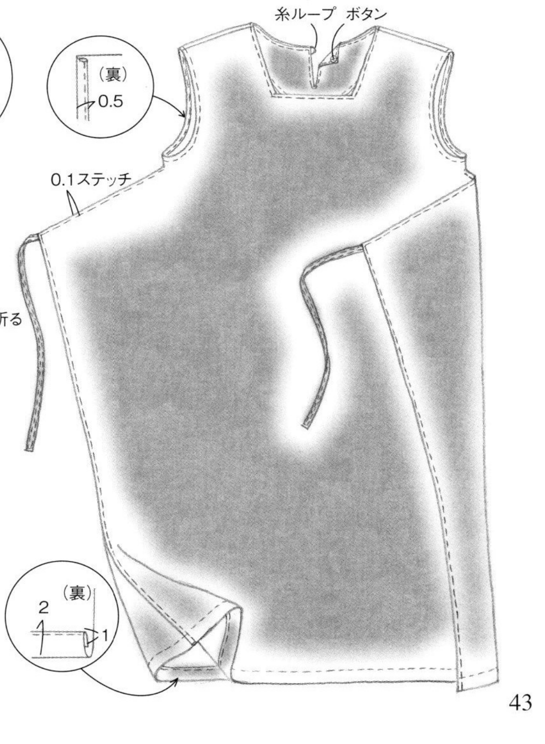

g ボイルのシャツブラウス

作品12ページ

● 必要なパターン（実物大パターン D 面）

前、後ろ、ヨーク、袖、衿、ポケット

※ひもは、裁合せ図で示した寸法を直接布地にしるして裁つ

● 材料

表布（コットン）108㎝幅 1.7 m

接着芯（表衿、前見返し分）90㎝幅 50㎝

ボタン直径 1.1㎝を７個

● 裁合せ図

表布

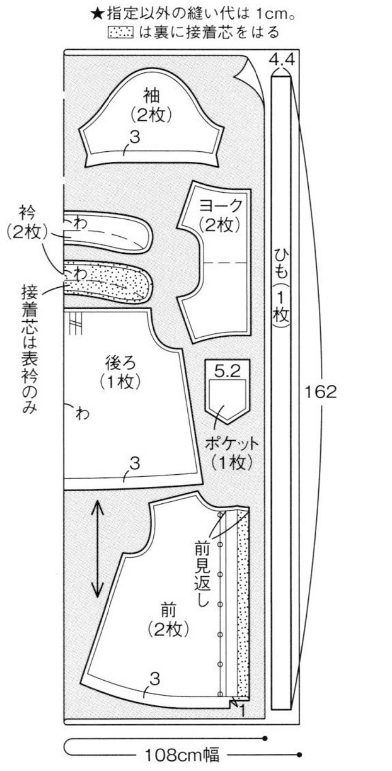

出来上り寸法 （cm）

サイズ / 名称	9	11	13
バスト	103.5	106.5	109.5
背肩幅	36.8	37.6	38.4
着丈	53	53	53
袖丈	20	20.1	20.2

● 縫う前の準備

・前見返しと表衿の裏面に接着芯をはる

● 縫い方順序

1 ポケットを作ってつける（→ p.45）

2 ひも通し口を作る（→ p.45、53）

3 後ろ身頃のタックをたたんで、ヨークと縫い合わせる（→ p.45）

4 前身頃とヨークを縫い合わせる（→ p.45）

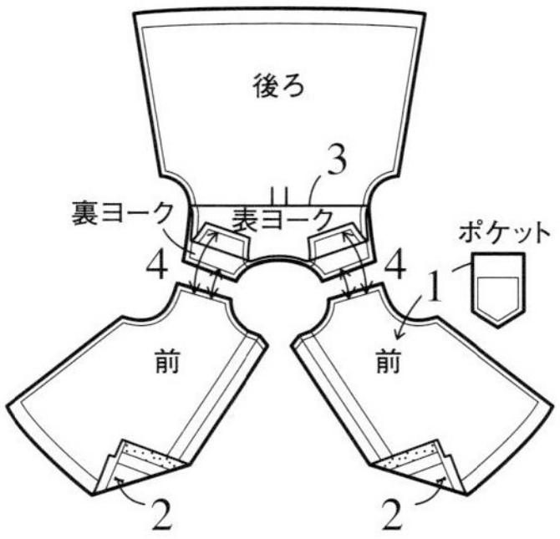

5 衿を作る（→ p.45）

6 衿をつける（→ p.46）

7 脇を縫う。前後を中表に合わせて縫い、縫い代は後ろ側に倒す

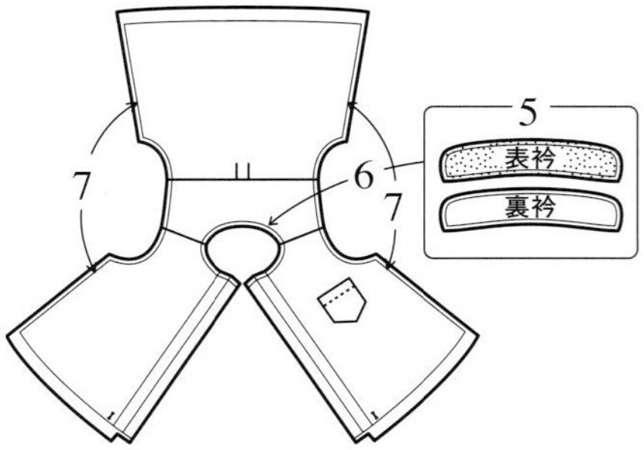

8 袖下を縫う。前後を中表に合わせて縫い、縫い代は後ろ側に倒す

9 袖口を三つ折りにして縫う

10 身頃に袖をつける（→ p.46）

11 裾を三つ折りにして縫う

12 ボタンホールを作って、ボタンをつける（→ p.53）

13 ひもを作って、裾に通す（→ p.46）

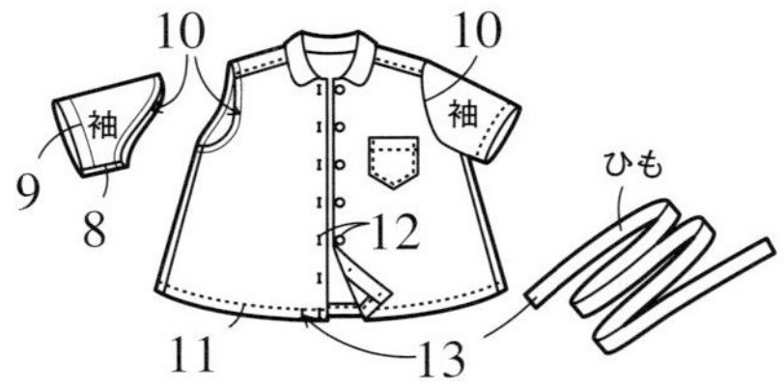

1 ポケットを作ってつける

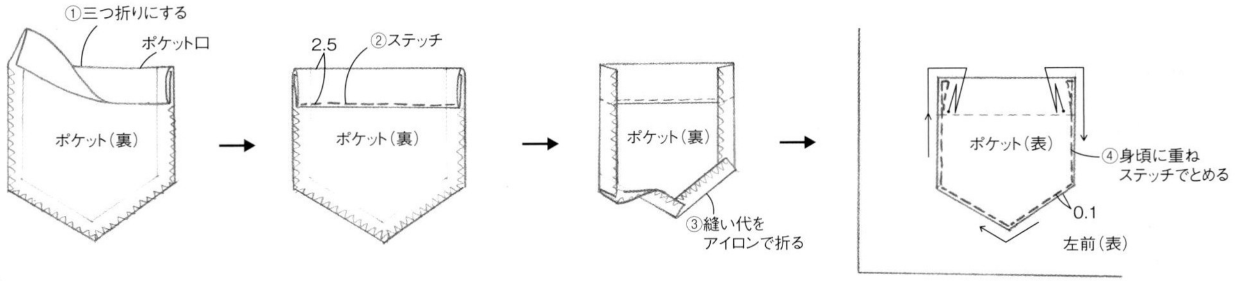

2 ひも通し口を作る

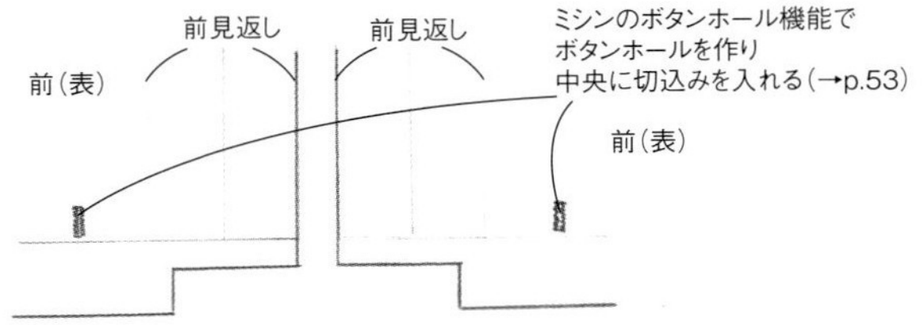

3 後ろ身頃のタックをたたんで、ヨークと縫い合わせる

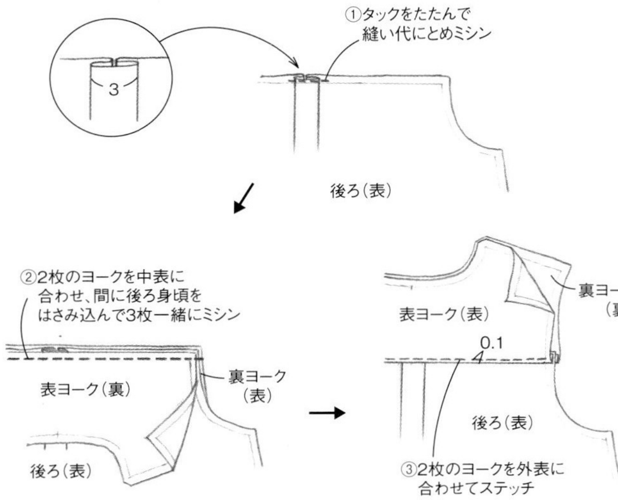

4 前身頃とヨークを縫い合わせる

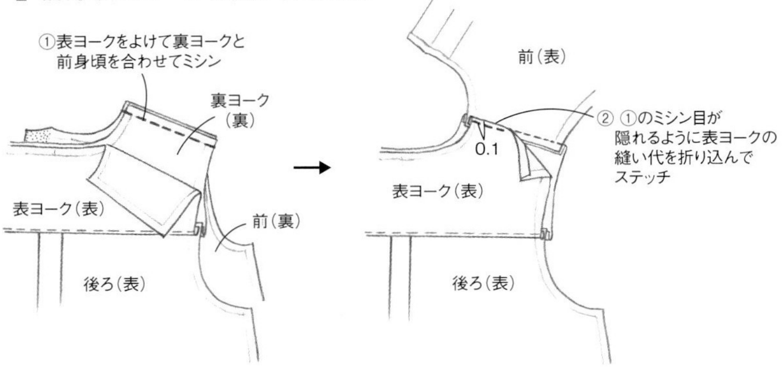

5 衿を作る

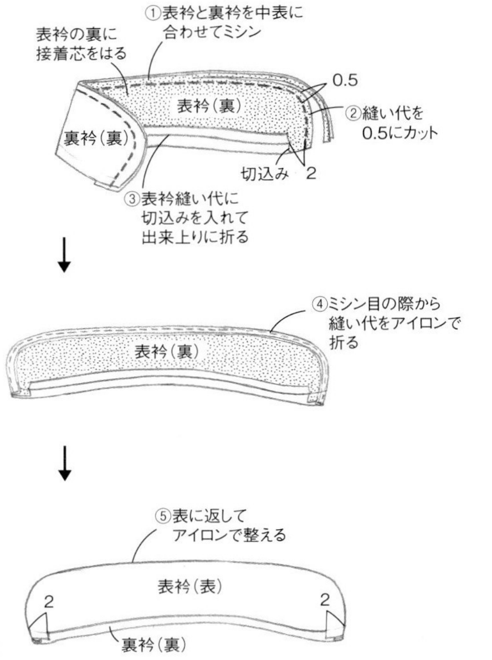

6 衿をつける

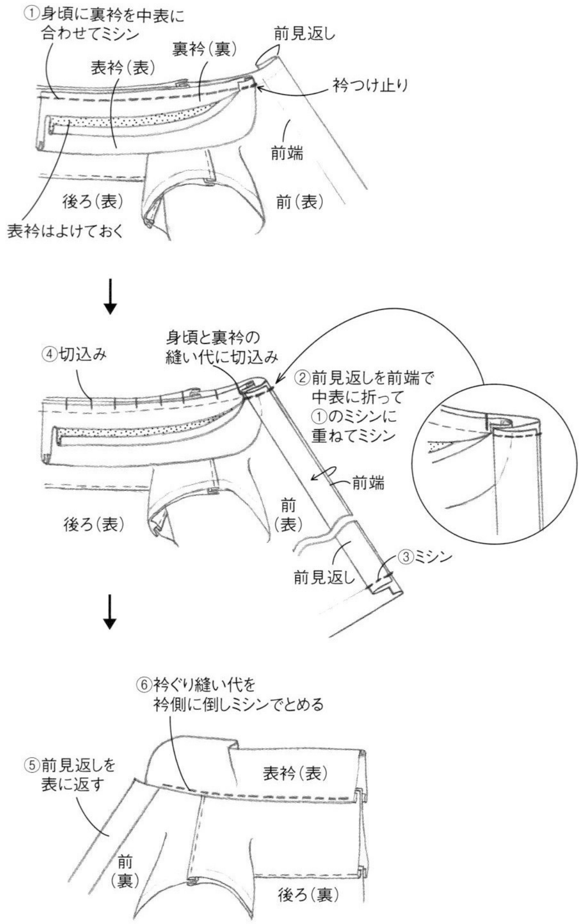

10 身頃に袖をつける

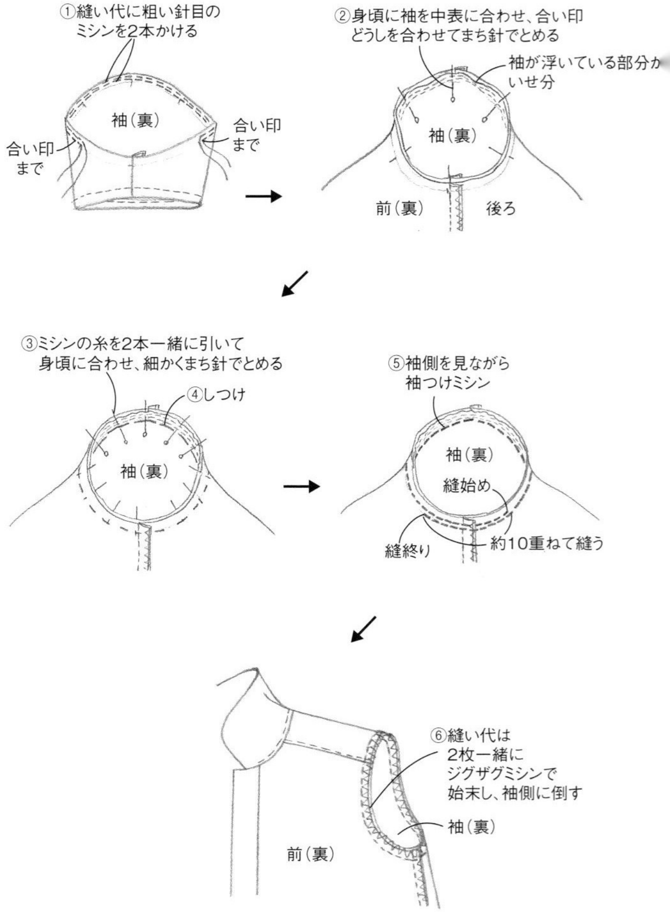

13 ひもを作って、裾に通す

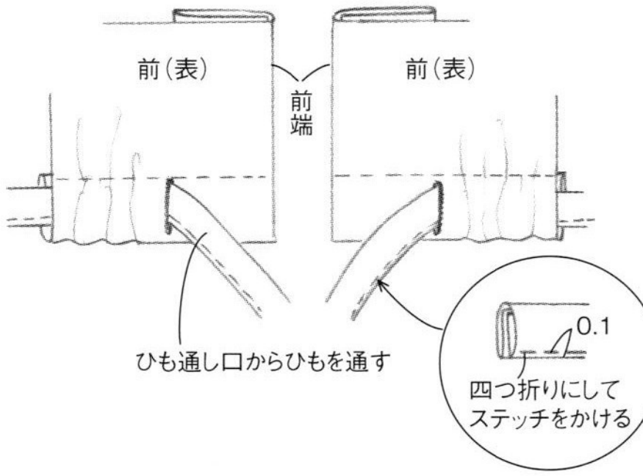

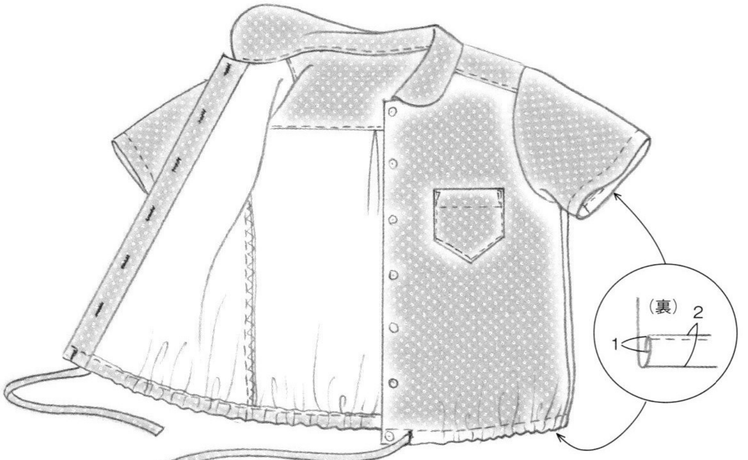

1 ボーダーのポリエステルタフタで

作品18ページ

● **必要なパターン**（実物大パターンＢ面）
前、後ろ、前スカート、後ろスカート、
前見返し、後ろ見返し
※リボンは、裁合せ図で示した寸法を直接布地にしるして裁つ

● **材料**
表布（ポリエステル）138cm幅 2.1ｍ
接着芯（見返し分）90cm幅 60cm
コンシールファスナー長さ 56cmを１本
スプリングホック１組み

● **裁合せ図**
表布

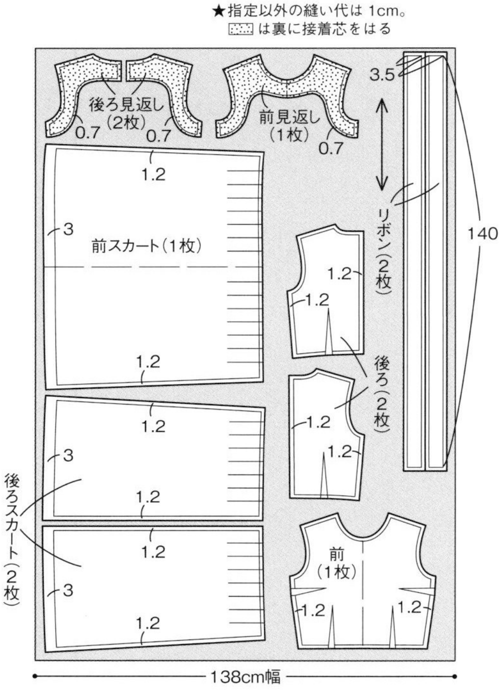

出来上り寸法 （cm）

サイズ／名称	9	11	13
バスト	90	93	96
ウエスト	73.6	76.6	79.6
背肩幅	38.9	39.7	40.5
着丈	108	108	108

● **縫う前の準備**
・前見返し、後ろ見返しの裏面に接着芯をはる
・身頃とスカートの後ろ中心の縫い代、前後見返しの端にジグザグミシンをかける

● **縫い方順序**
1 身頃のダーツを縫う（→ p.50）
2 身頃の肩を縫う。前後を中表に合わせて縫い、縫い代は割る
3 見返しの肩を縫う（→ p.48）
4 身頃に見返しを合わせて、衿ぐりと袖ぐりを縫う（→ p.48）

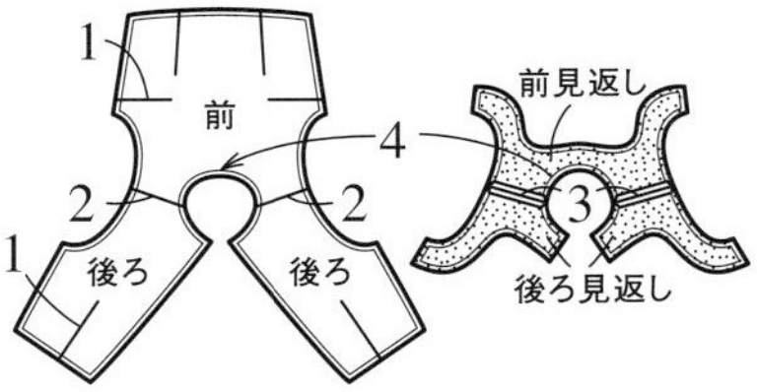

5 身頃と見返しの脇を縫い、袖ぐりを仕上げる（→ p.32）
6 スカートのタックをたたむ（→ p.48）
7 スカートの脇を縫う。前後スカートを中表に合わせて縫い、縫い代は後ろ側に倒す
8 身頃とスカートを縫い合わせる。縫い代は身頃側に倒す

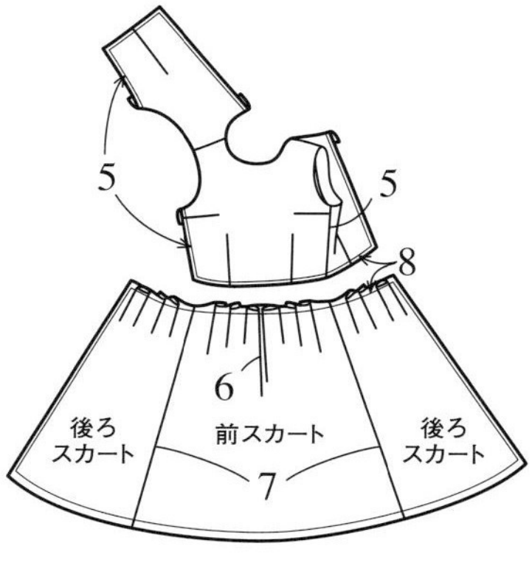

9 後ろ中心を縫って、コンシールファスナーをつける（→ p.49）
10 裾を折ってまつる（→ p.32）
11 ホックをつける（→ p.50）
12 リボンを作る。２枚を中表に合わせて縫い、
表に返してステッチをかける
13 リボン通しの糸ループを作る（→ p.58）

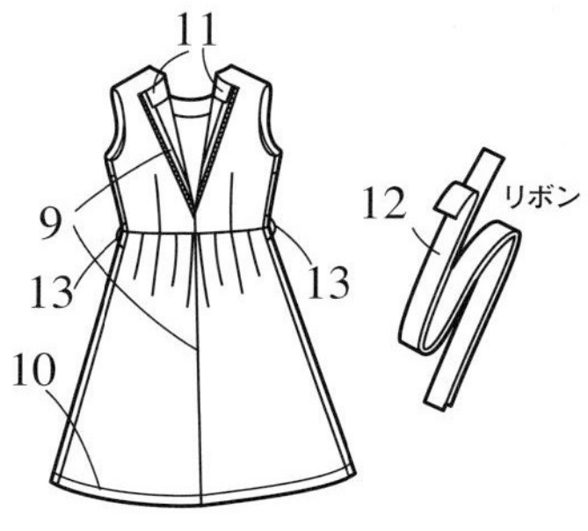

3 見返しの肩を縫う

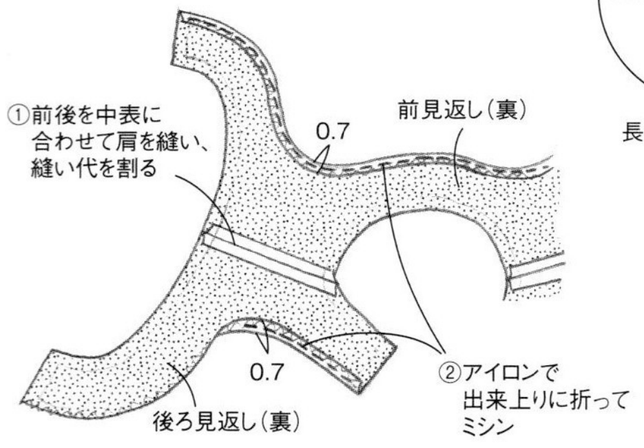

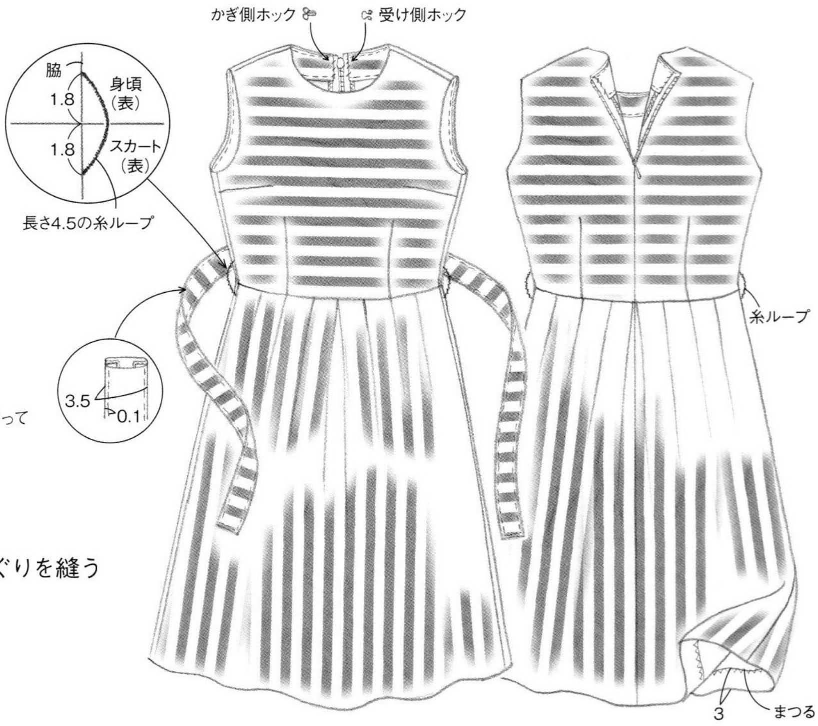

4 身頃に見返しを合わせて、衿ぐりと袖ぐりを縫う

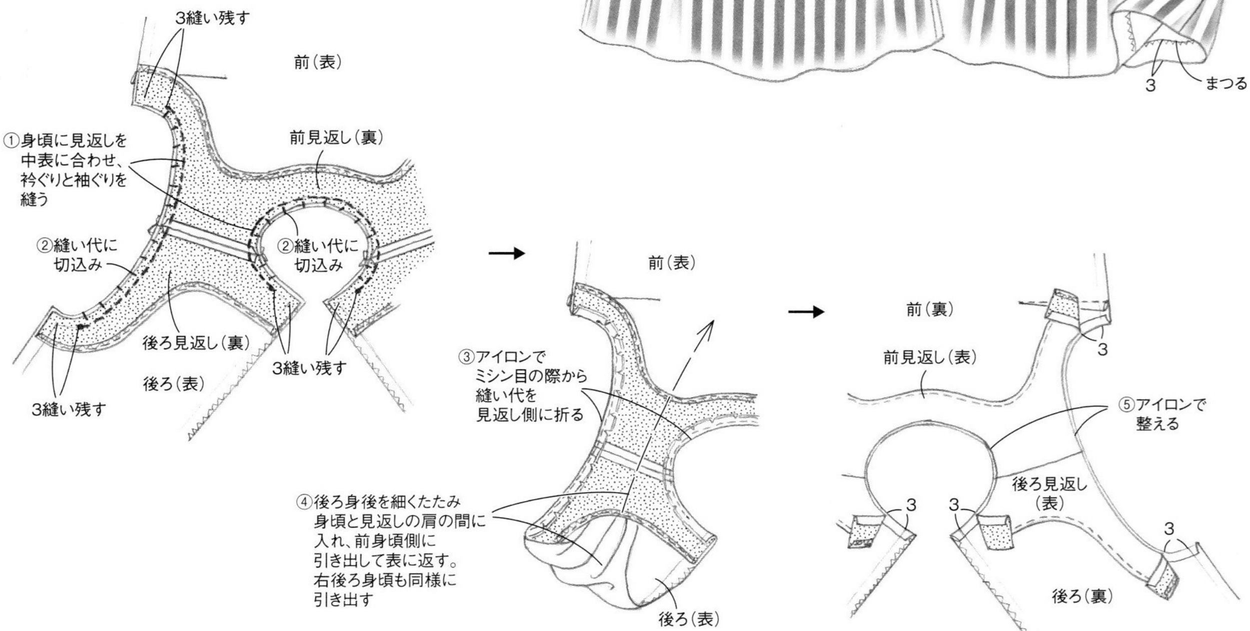

6 スカートのタックをたたむ

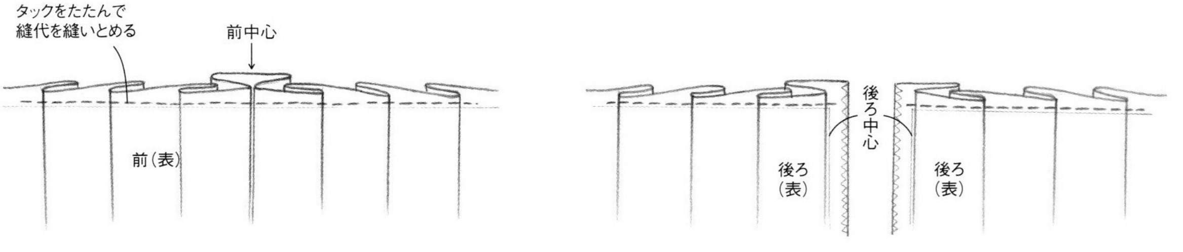

9 後ろ中心を縫って、コンシールファスナーをつける

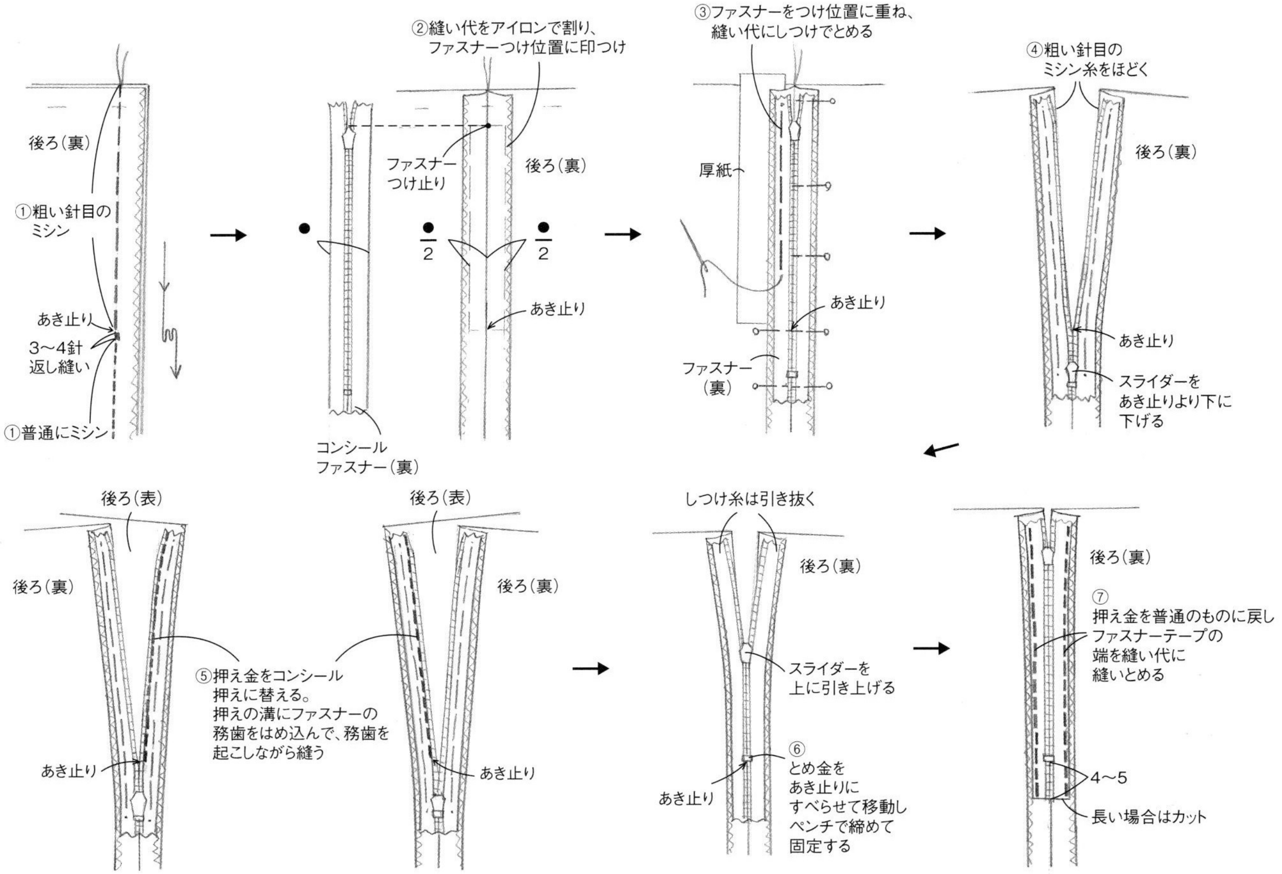
後ろ（裏）
①粗い針目のミシン
あき止り
3～4針返し縫い
①普通にミシン
②縫い代をアイロンで割り、ファスナーつけ位置に印つけ
ファスナーつけ止り
後ろ（裏）
●
●/2
●/2
あき止り
コンシールファスナー（裏）
③ファスナーをつけ位置に重ね、縫い代にしつけでとめる
厚紙
あき止り
ファスナー（裏）
④粗い針目のミシン糸をほどく
後ろ（裏）
あき止り
スライダーをあき止りより下に下げる
後ろ（表）
後ろ（裏）
⑤押え金をコンシール押えに替える。押えの溝にファスナーの務歯をはめ込んで、務歯を起こしながら縫う
あき止り
後ろ（表）
後ろ（裏）
あき止り
しつけ糸は引き抜く
後ろ（裏）
スライダーを上に引き上げる
⑥とめ金をあき止りにすべらせて移動しペンチで締めて固定する
あき止り
後ろ（裏）
⑦押え金を普通のものに戻しファスナーテープの端を縫い代に縫いとめる
4～5
長い場合はカット

衿ぐりの仕上げ方

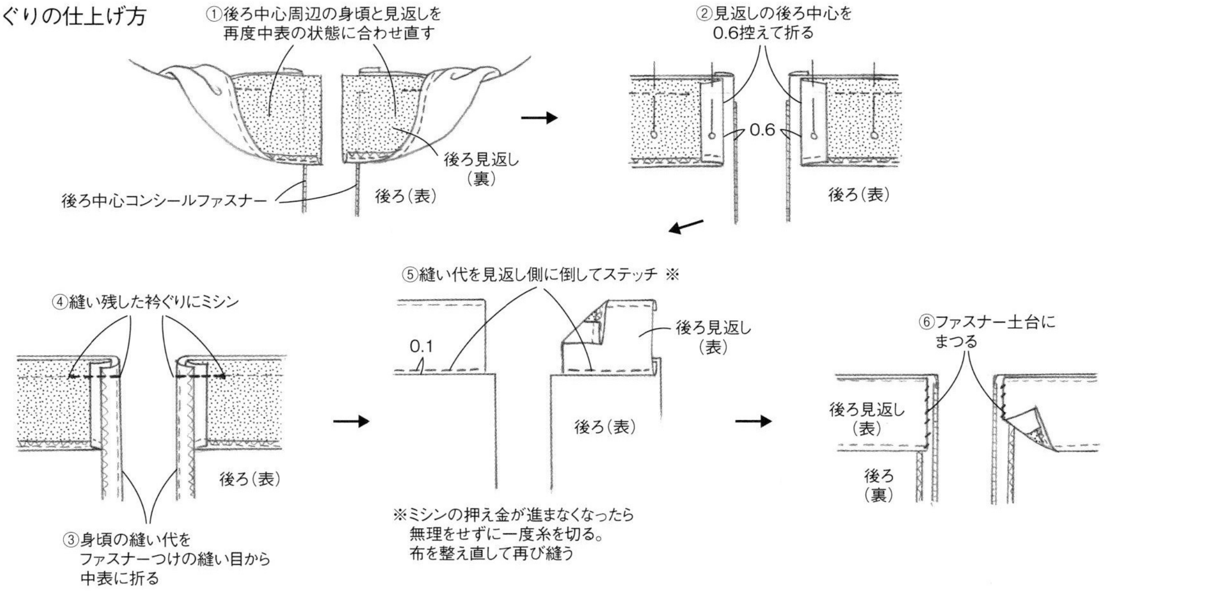
①後ろ中心周辺の身頃と見返しを再度中表の状態に合わせ直す
後ろ見返し（裏）
後ろ中心コンシールファスナー
後ろ（表）
②見返しの後ろ中心を0.6控えて折る
0.6
後ろ（表）
④縫い残した衿ぐりにミシン
後ろ（表）
③身頃の縫い代をファスナーつけの縫い目から中表に折る
⑤縫い代を見返し側に倒してステッチ ※
0.1
後ろ見返し（表）
後ろ（表）
※ミシンの押え金が進まなくなったら無理をせずに一度糸を切る。布を整え直して再び縫う
⑥ファスナー土台にまつる
後ろ見返し（表）
後ろ（裏）

j 青い花のワンピース

作品16ページ

● 必要なパターン（実物大パターン B 面）

前、後ろ、前スカート、後ろスカート、前見返し、後ろ見返し

※リボンは、裁合せ図で示した寸法を直接布地にしるして裁つ

● 材料

表布（コットンリネン）108㎝幅 2.3 m

接着芯（見返し分）90㎝幅 60㎝

コンシールファスナー長さ 56㎝を 1 本

スプリングホック 1 組み

● 縫い方ポイント

l と共通のパターンを使っています。縫い方もリボン以外は同じなので、l (p.47~49) と j (p.50) を併せて参照してください。

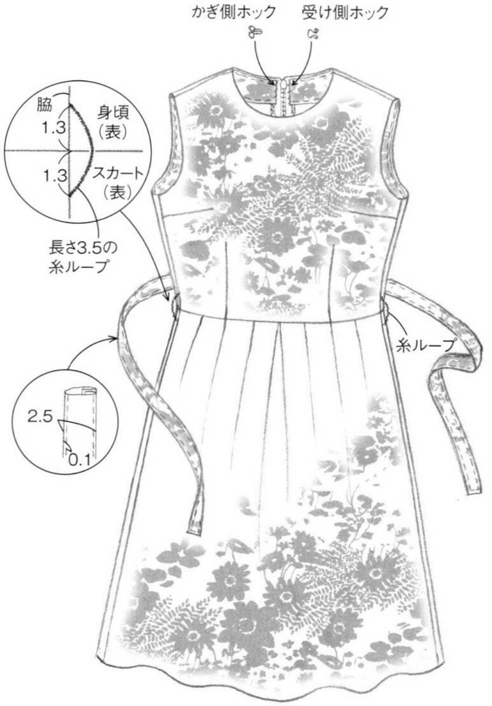

● 裁合せ図

表布

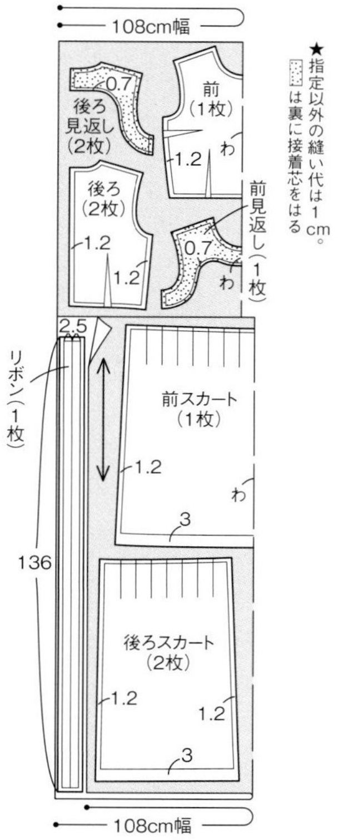

出来上り寸法 (cm)

サイズ / 名称	9	11	13
バスト	90	93	96
ウエスト	73.6	76.6	79.6
背肩幅	38.9	39.7	40.5
着丈	103	103	103

1 身頃のダーツを縫う

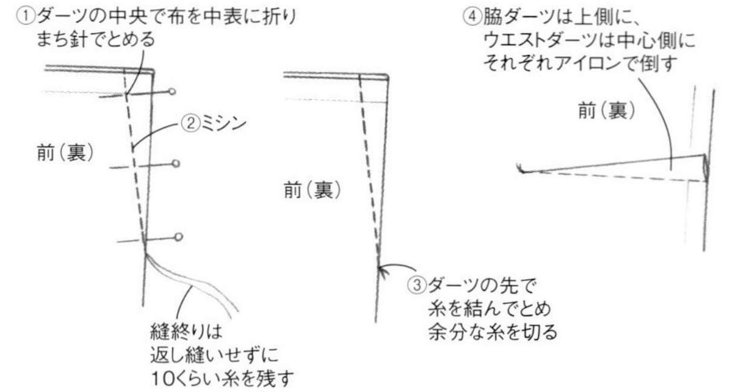

11 ホックをつける

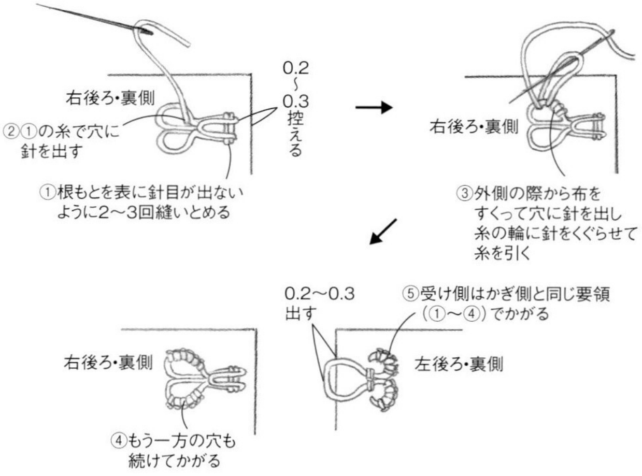

h 小花模様のローンで

作品13ページ

● 必要なパターン（実物大パターンＢ面）

前、後ろ、前スカート、後ろスカート、袖、衿、袖口縁とり布

● 材料

表布（コットン）110㎝幅 2.6 m
接着芯（見返し分）90㎝幅 80㎝
ボタン直径 1.3㎝を９個

● 裁合せ図

表布

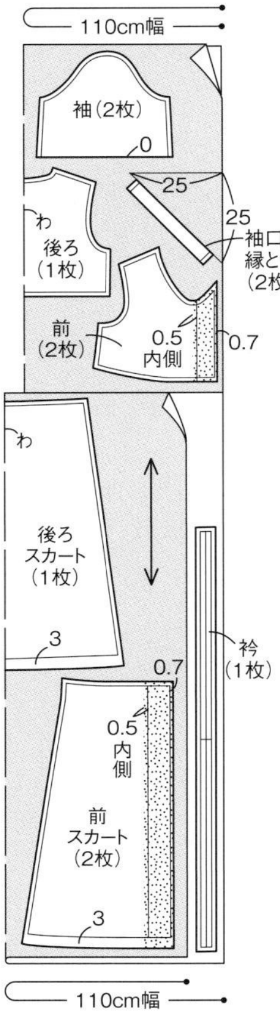

★指定以外の縫い代は 1cm。
[dotted box] は裏に接着芯をはる

出来上り寸法 （cm）

名称＼サイズ	9	11	13
バスト	94.4	97.4	100.4
ハイウエスト	87	90	93
ヒップ	102	105	108
背肩幅	37.2	38	38.8
着丈	104	104	104
袖丈	29	29.1	29.2

● 縫う前の準備

・身頃とスカートの前見返しの裏面に接着芯をはる
・身頃とスカートの前見返しの端にジグザグミシンをかける

● 縫い方順序

1 前身頃のウエストにギャザーを寄せて、
　前スカートと縫い合わせる（→ p.52）
2 後ろ身頃のウエストにギャザーを寄せて、
　後ろスカートと縫い合わせる
3 肩を縫う。前後を中表に合わせて縫い、縫い代は後ろ側に倒す
4 身頃に袖をつける（→ p.52）

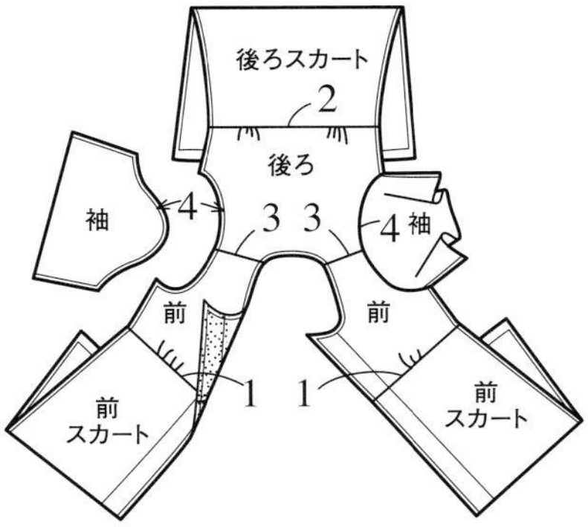

5 袖下、身頃の脇、スカートの脇を続けて縫う（→ p.52）
6 袖口にギャザーを寄せて、縁とり布でくるむ（→ p.52）

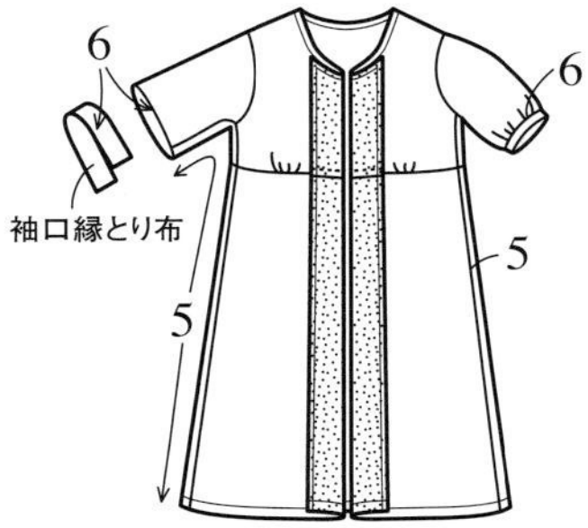

7 前端を折る（→ p.53）
8 裾を三つ折りにして縫う
9 衿をつける（→ p.53）
10 ボタンホールを作って、ボタンをつける（→ p.53）

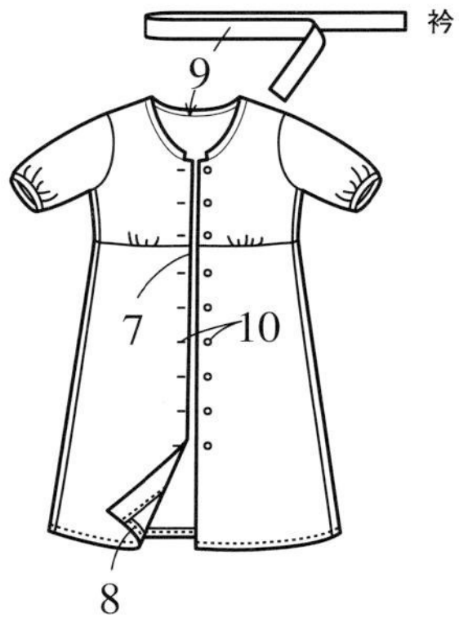

1 前身頃のウエストにギャザーを寄せて、前スカートと縫い合わせる

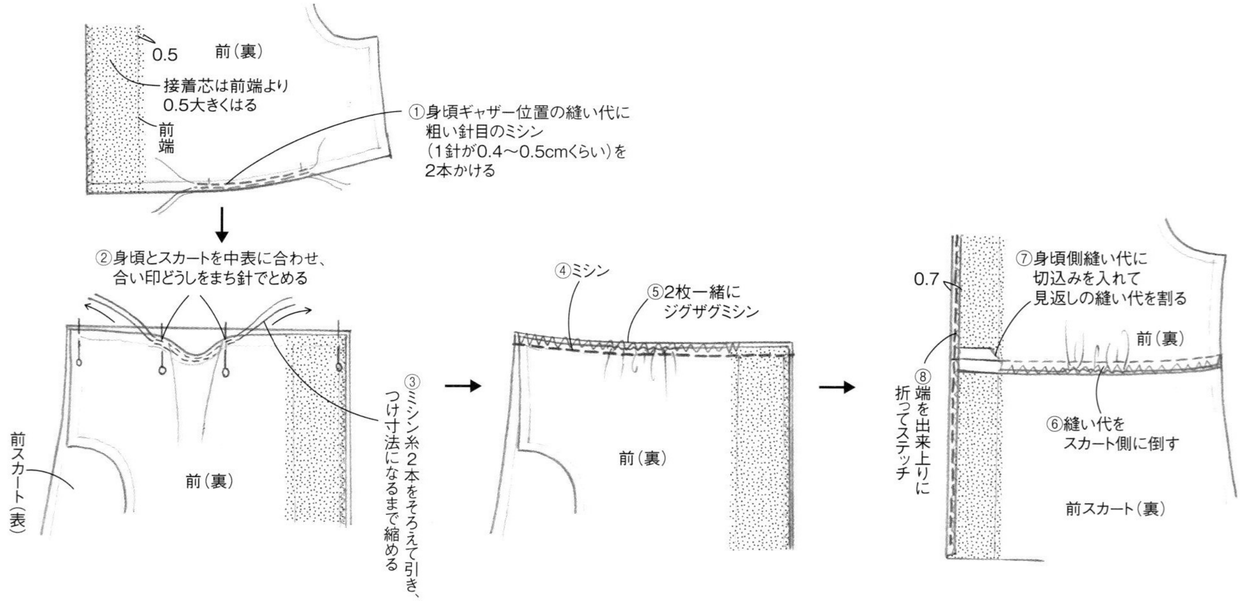

0.5
前（裏）
接着芯は前端より
0.5大きくはる
前
端
①身頃ギャザー位置の縫い代に
粗い針目のミシン
（1針が0.4〜0.5cmくらい）を
2本かける
②身頃とスカートを中表に合わせ、
合い印どうしをまち針でとめる
前スカート（表）
前（裏）
③ミシン糸2本をそろえて引き、つけ寸法になるまで縮める
④ミシン
⑤2枚一緒に
ジグザグミシン
前（裏）
0.7
⑦身頃側縫い代に
切込みを入れて
見返しの縫い代を割る
前（裏）
⑧端を出来上りに折ってステッチ
⑥縫い代を
スカート側に倒す
前スカート（裏）

4 身頃に袖をつける

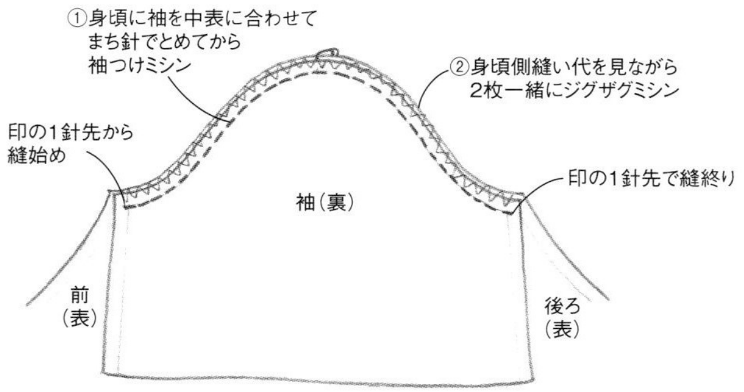

①身頃に袖を中表に合わせて
まち針でとめてから
袖つけミシン
②身頃側縫い代を見ながら
2枚一緒にジグザグミシン
印の1針先から
縫始め
印の1針先で縫終り
袖（裏）
前
（表）
後ろ
（表）

5 袖下、身頃の脇、スカートの脇を続けて縫う

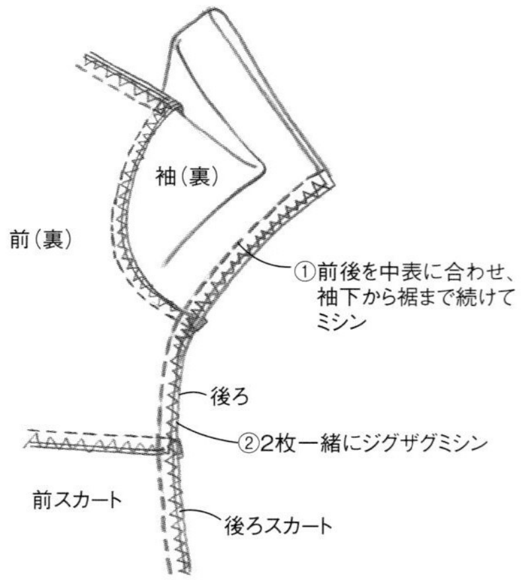

袖（裏）
前（裏）
①前後を中表に合わせ、
袖下から裾まで続けて
ミシン
後ろ
②2枚一緒にジグザグミシン
前スカート
後ろスカート

6 袖口にギャザーを寄せて、縁とり布でくるむ

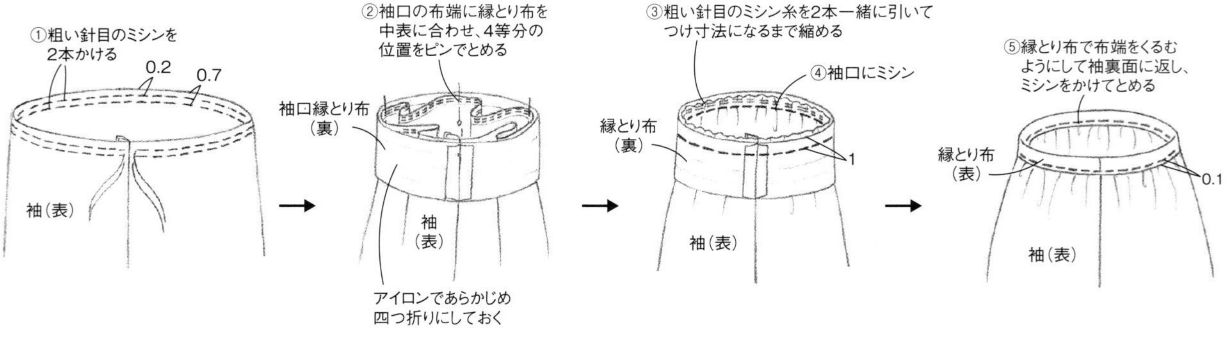

①粗い針目のミシンを
2本かける
0.2
0.7
袖（表）
②袖口の布端に縁とり布を
中表に合わせ、4等分の
位置をピンでとめる
袖口縁とり布
（裏）
袖
（表）
アイロンであらかじめ
四つ折りにしておく
③粗い針目のミシン糸を2本一緒に引いて
つけ寸法になるまで縮める
④袖口にミシン
縁とり布
（裏）
1
袖（表）
⑤縁とり布で布端をくるむ
ようにして袖裏面に返し、
ミシンをかけてとめる
縁とり布
（表）
0.1
袖（表）

7 前端を折る

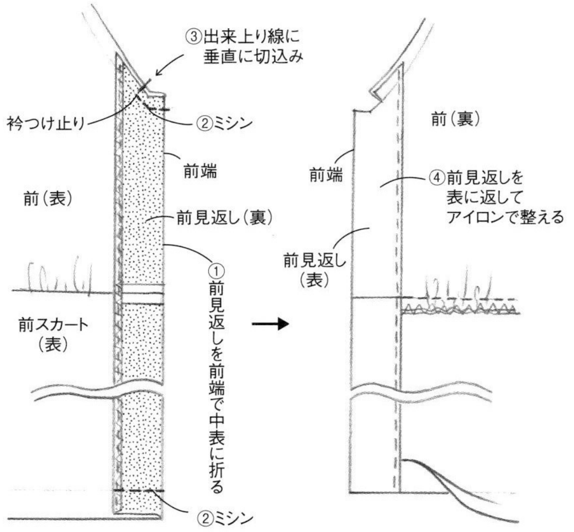

9 衿をつける

衿をつける前の準備

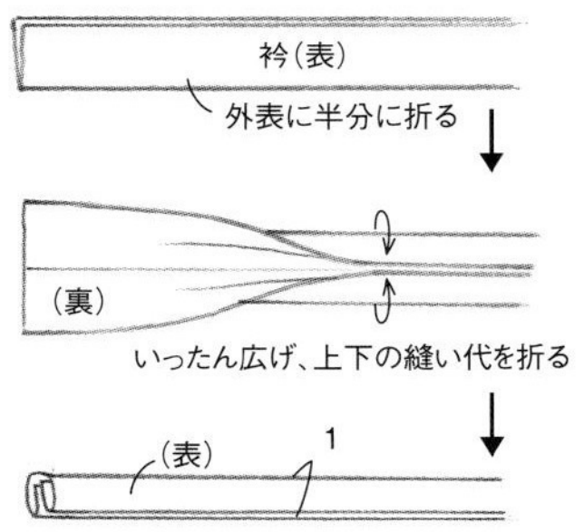

衿のつけ方

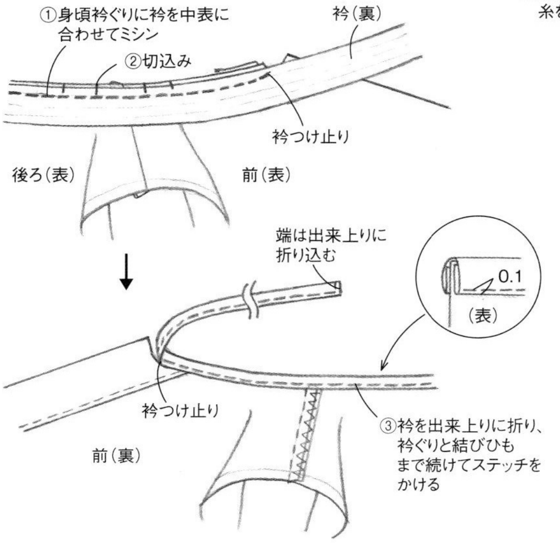

10 ボタンホールを作って、ボタンをつける

ボタンホール

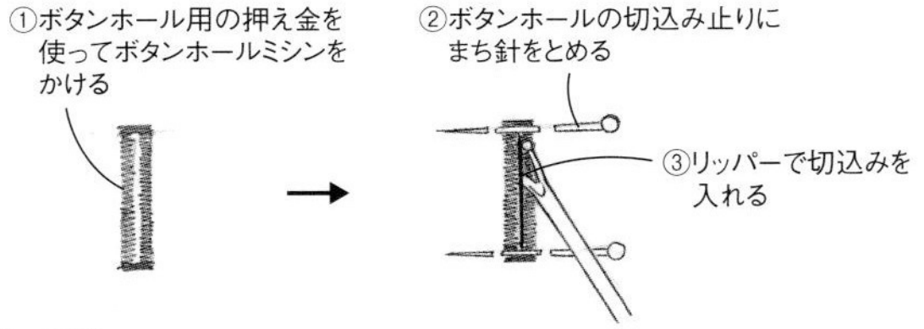

ボタンつけ

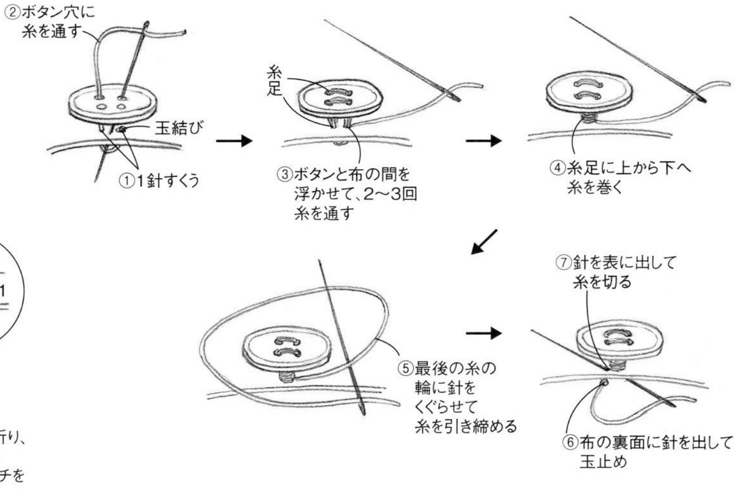

i ボイルのふんわりワンピース

作品14ページ

● 必要なパターン（実物大パターン B 面）

前、後ろ、袖、前後スカート

● 材料

表布（コットン）109㎝幅 2.8 m

ゴムテープ 2㎝幅を 69㎝（衿ぐり分）、

1㎝幅を 9 号＝71㎝ /11 号＝74㎝ /13 号＝77㎝（ウエスト分）、1㎝幅を 56㎝（袖口分）

● 裁合せ図

表布

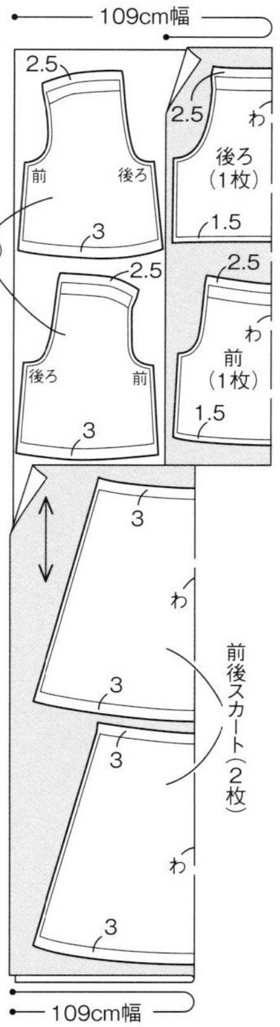

★指定以外の縫い代は1㎝。

出来上り寸法　（cm）

サイズ / 名称	9	11	13
バスト	108	111	114
ウエスト	112	115	118
着丈	109	109	109
袖丈（SNPから）	51	51	51

＊ウエスト寸法は、ゴムテープを通す前の寸法。

● 縫い方順序

1 身頃の脇を縫う。
前後を中表に合わせて縫い、縫い代は後ろ側に倒す

2 袖下を縫う（→ p.54）

3 袖口を三つ折りにして縫い、ゴムテープを通す（→ p.54）

4 身頃に袖をつける（→ p.55）

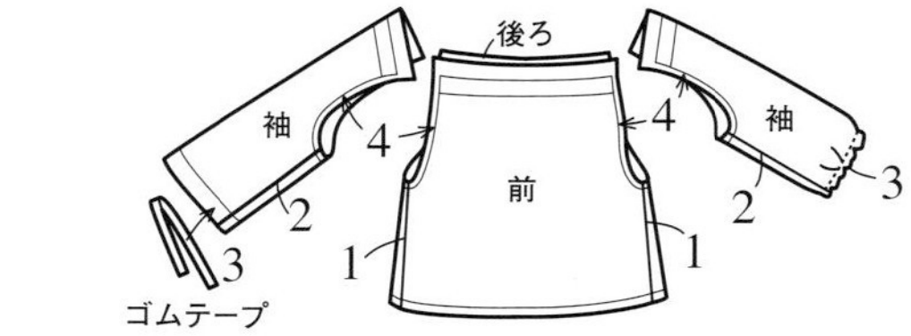

5 衿ぐりを折ってステッチをかけ、ゴムテープを通す（→ p.55）

6 スカートの脇を縫う。
前後スカートを中表に合わせて縫い、縫い代は後ろ側に倒す

7 身頃とスカートを縫い合わせ、ゴムテープを通す（→ p.55）

8 裾を三つ折りにして縫う

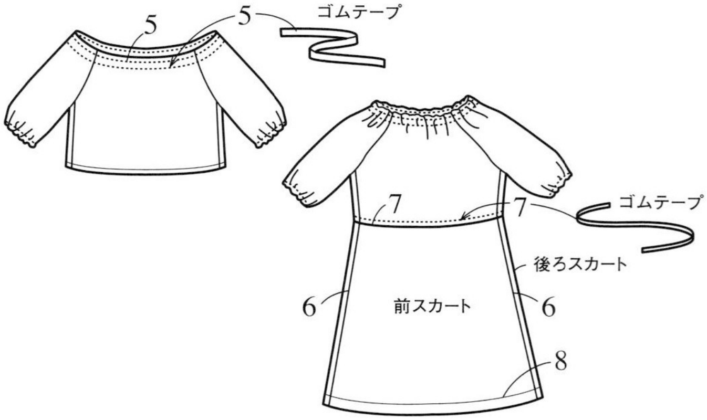

2 袖下を縫う

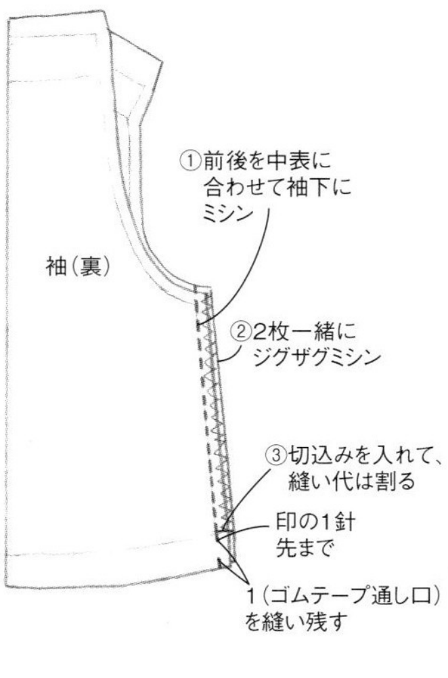

3 袖口を三つ折りにして縫い、ゴムテープを通す

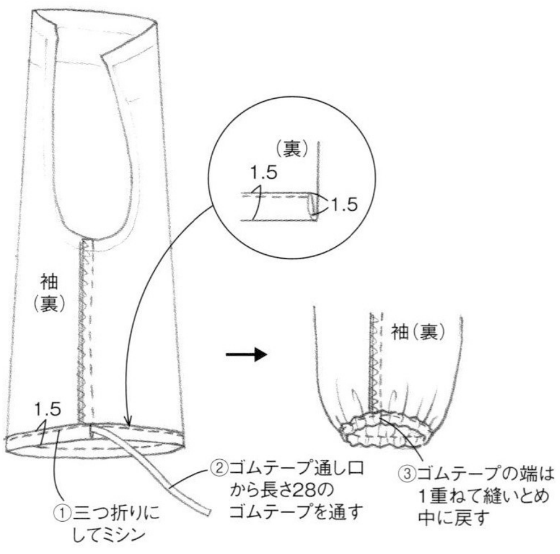

4 身頃に袖をつける

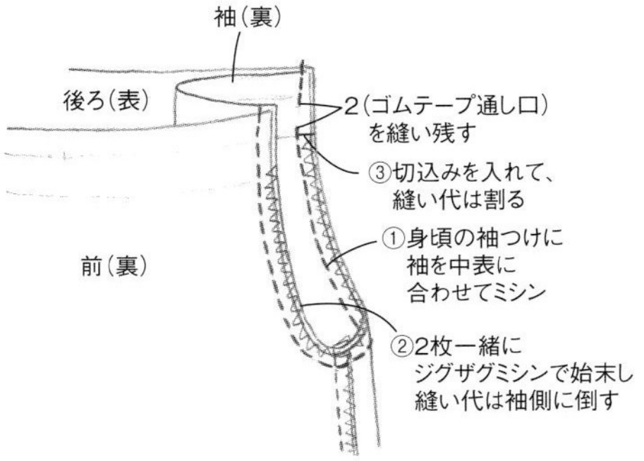

袖（裏）
後ろ（表）
2（ゴムテープ通し口）を縫い残す
③切込みを入れて、縫い代は割る
前（裏）
①身頃の袖つけに袖を中表に合わせてミシン
②2枚一緒にジグザグミシンで始末し縫い代は袖側に倒す

5 衿ぐりを折ってステッチをかけ、ゴムテープを通す

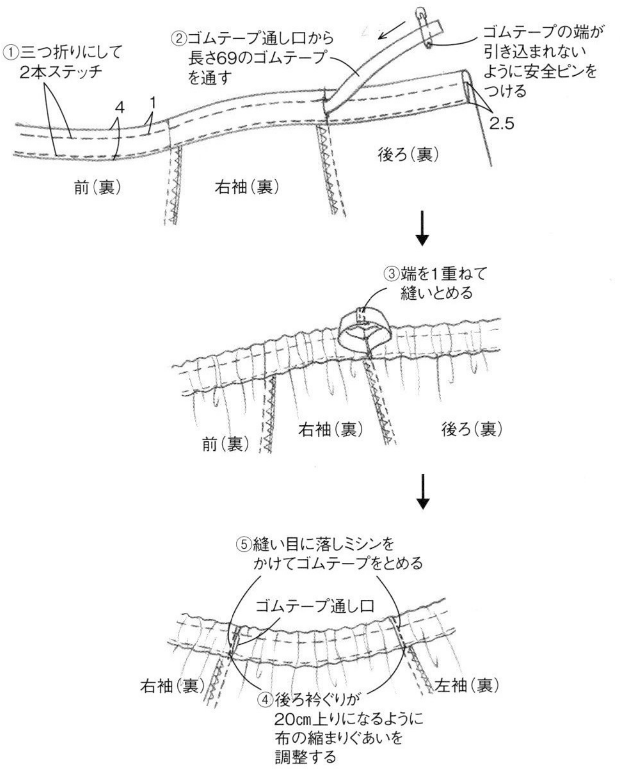

①三つ折りにして2本ステッチ
②ゴムテープ通し口から長さ69のゴムテープを通す
ゴムテープの端が引き込まれないように安全ピンをつける
4
1
2.5
前（裏）
右袖（裏）
後ろ（裏）
③端を1重ねて縫いとめる
前（裏）
右袖（裏）
後ろ（裏）
⑤縫い目に落しミシンをかけてゴムテープをとめる
ゴムテープ通し口
右袖（裏）
左袖（裏）
④後ろ衿ぐりが20cm上りになるように布の縮まりぐあいを調整する

7 身頃とスカートを縫い合わせ、ゴムテープを通す

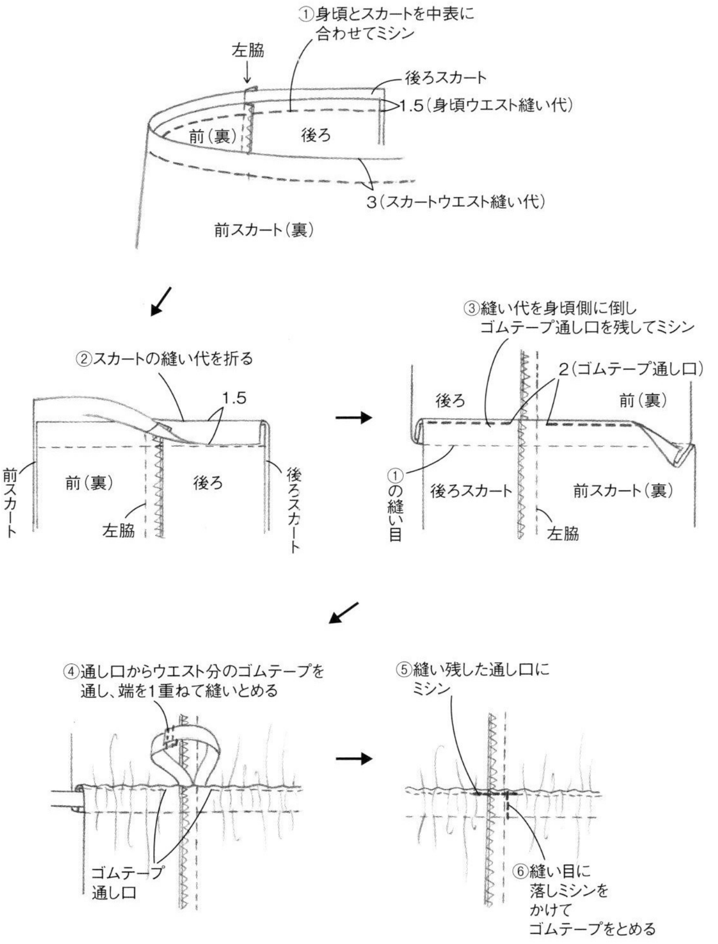

①身頃とスカートを中表に合わせてミシン
左脇
後ろスカート
1.5（身頃ウエスト縫い代）
前（裏）
後ろ
3（スカートウエスト縫い代）
前スカート（裏）
②スカートの縫い代を折る
1.5
前スカート
前（裏）
後ろ
後ろスカート
左脇
③縫い代を身頃側に倒しゴムテープ通し口を残してミシン
2（ゴムテープ通し口）
後ろ
前（裏）
①の縫い目
後ろスカート
前スカート（裏）
左脇
④通し口からウエスト分のゴムテープを通し、端を1重ねて縫いとめる
ゴムテープ通し口
⑤縫い残した通し口にミシン
⑥縫い目に落しミシンをかけてゴムテープをとめる

（裏）
2
1
2

k 衿もとにドレープをいれて

作品17ページ

● 必要なパターン（実物大パターン D 面）

前、後ろ、前スカート、後ろスカート

※袖ぐり用バイアステープ、後ろ衿ぐり用バイアステープは、裁合せ図で示した寸法を直接布地にしるして裁つ

● 材料

表布（麻）110cm幅 2.5 m

ゴムテープ 1cm幅を 9 号＝71cm /11 号＝74cm /13 号＝77cm

● 裁合せ図

表布

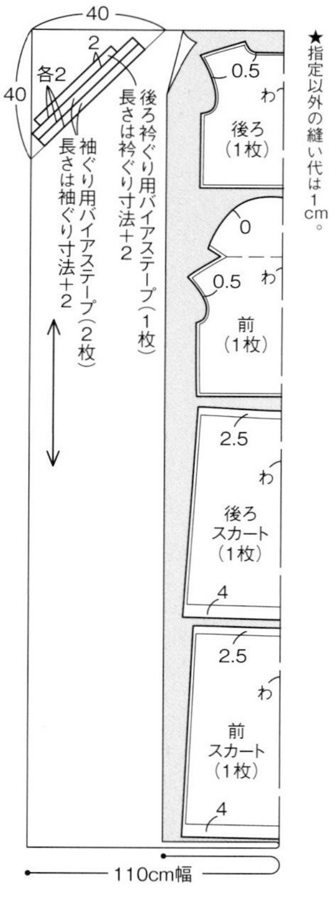

出来上り寸法

(cm)

サイズ／名称	9	11	13
バスト ウエスト	96	99	102
ヒップ	100	103	106
背肩幅	48.5	19.3	50.1
着丈	98	98	98

＊ウエスト寸法は、ゴムテープを通す前の寸法。

● 縫う前の準備

・前衿ぐり見返しの端にジグザグミシンをかける

● 縫い方順序

1 後ろ衿ぐりをバイアステープで始末する（→ p.57）

2 肩を縫う（→ p.57）

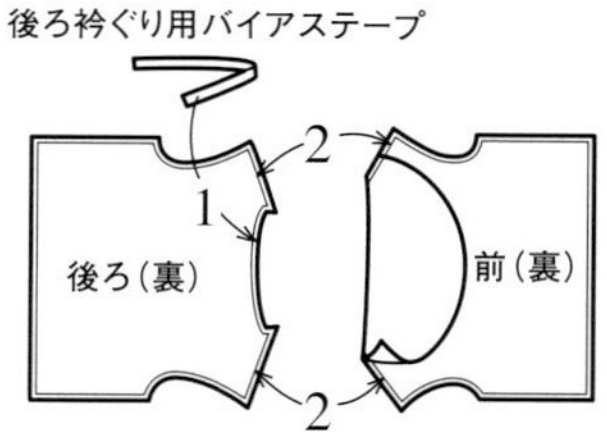

3 身頃の脇を縫う。

前後を中表に合わせて縫い、縫い代は後ろ側に倒す

4 袖ぐりをバイアステープで始末する（→ p.57）

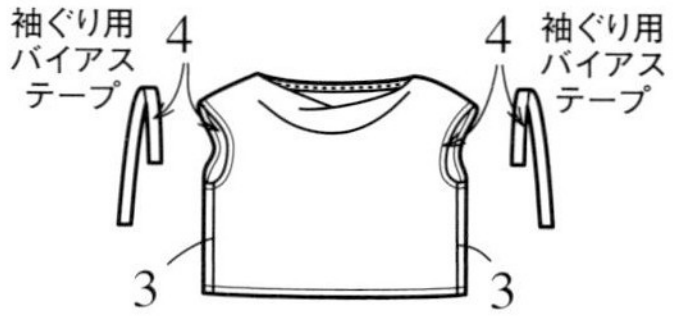

5 スカートの脇を縫う。

前後スカートを中表に合わせて縫い、縫い代は後ろ側に倒す

6 身頃とスカートを縫い合わせて、ゴムテープを通す（→ p.55）

7 裾を折って、奥をまつる（→ p.56）

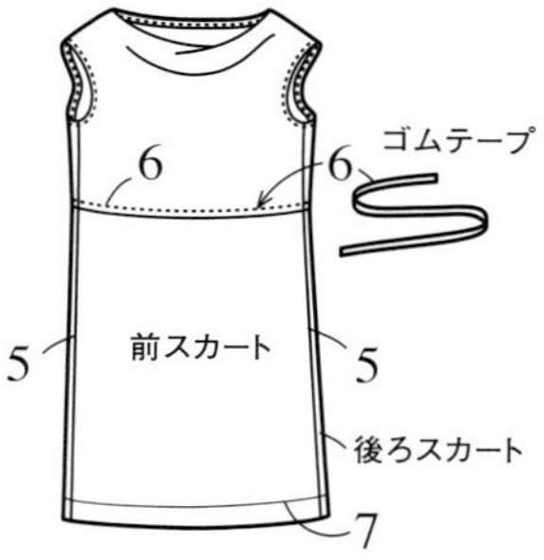

7 裾を折って、奥をまつる

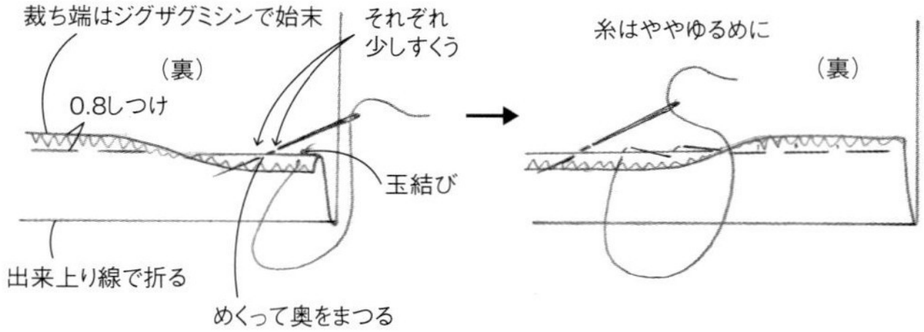

1 後ろ衿ぐりをバイアステープで始末する

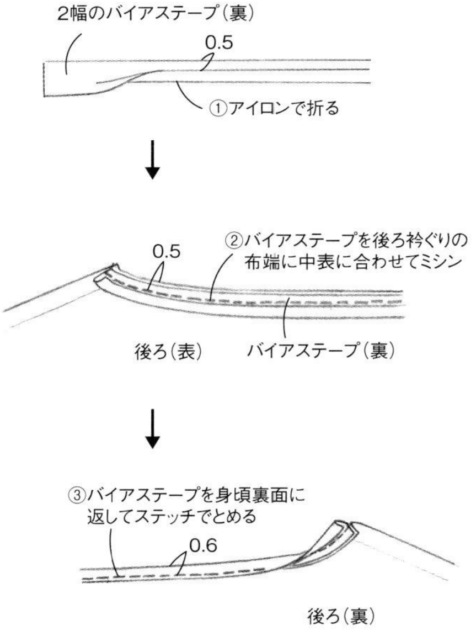

2 肩を縫う

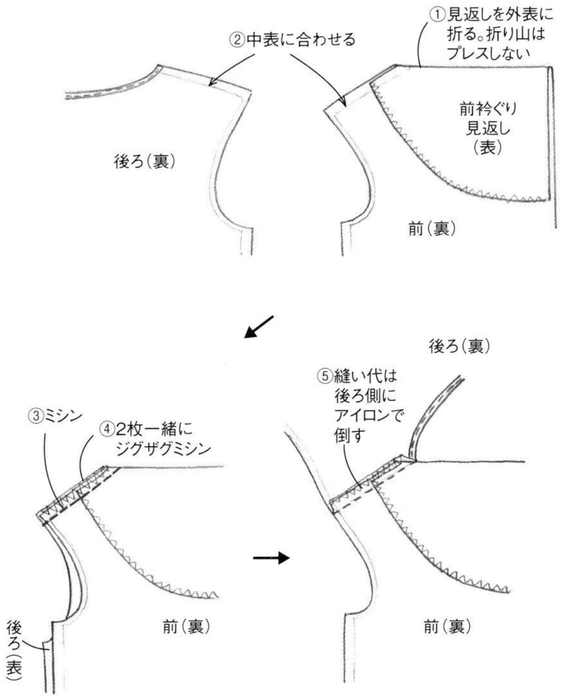

4 袖ぐりをバイアステープで始末する

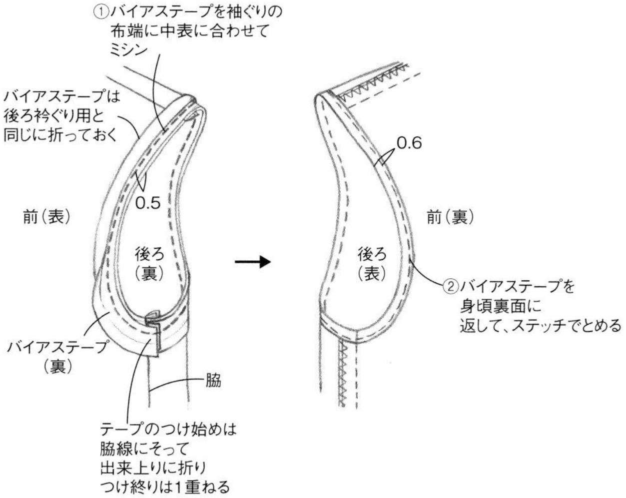

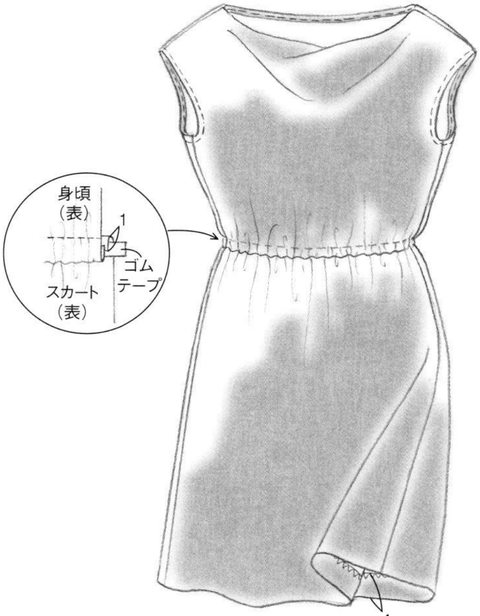

m ブルーブラックのワンピース

作品19ページ

● 必要なパターン（実物大パターン B 面）

前、後ろ、袖、カフス、リボン、前見返し、後ろ見返し

● 材料

表布（ポリエステルタフタ）136cm幅 1.8 m

接着芯（見返し、カフス分）90cm幅 30cm

接着テープ（衿ぐり分）1cm幅を 50cm

ボールボタン直径 0.7cmを 1 個

● 縫い方ポイント

3- ⑤の前に試着をして、頭が入りにくかったらあき止りの位置を下げて、衿ぐり回りを大きくしてください。

● 裁合せ図

表布

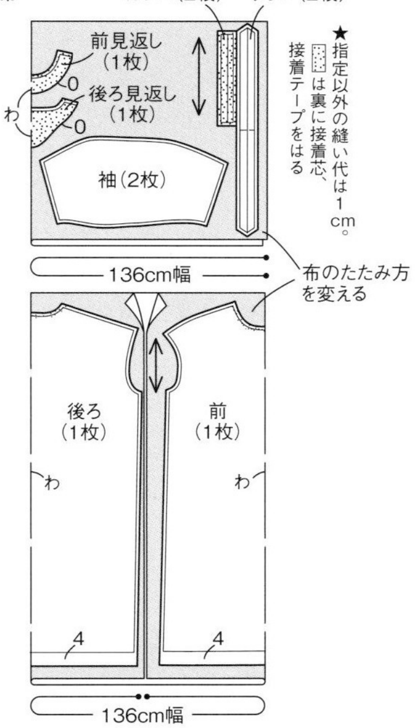

出来上り寸法 （cm）

サイズ 名称	9	11	13
バスト	115	118	121
背肩幅	59.5	60.3	61.1
着丈	99	99	99
袖丈	26	26.1	26.2
衿ぐり回り a	60	60.6	61.2
衿ぐり回り b	64	64.6	65.2

＊衿ぐり回りは頭回りと比較して、後ろ中心のあき止り a、b のどちらかを選ぶ。

● 縫う前の準備

・前見返し、後ろ見返し、カフスの裏面に接着芯をはる

・前衿ぐり、後ろ衿ぐりの縫い代に接着テープをはる

● 縫い方順序

1 身頃の肩を縫う。
　前後を中表に合わせて縫い、縫い代は後ろ側に倒す

2 見返しの肩を縫う（→ p.59）

3 身頃に見返しを合わせて、衿ぐりと後ろあきを縫う（→ p.59）

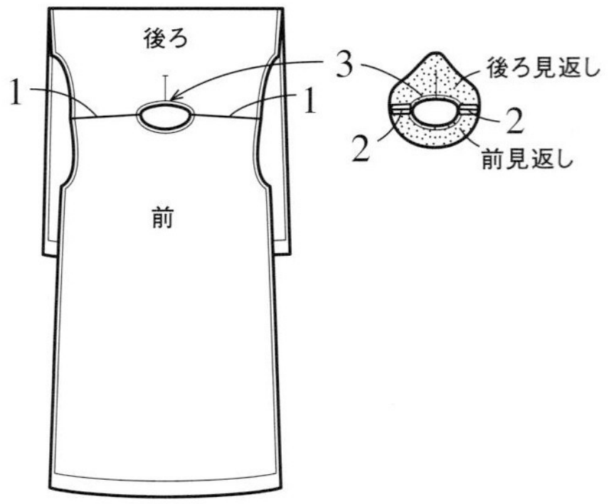

4 脇を縫う。前後を中表に合わせて縫い、縫い代は後ろ側に倒す

5 袖下を縫う。前後を中表に合わせて縫い、縫い代は後ろ側に倒す

6 袖口にギャザーを寄せて、カフスをつける（→ p.52）

7 袖山にギャザーを寄せて、身頃につける（→ p.59）

8 裾を折って、奥をまつる（→ p.56）

9 リボンを作って、カフスにつける（→ p.59）

10 ループを作って（→ p.58）、ボタンをつける

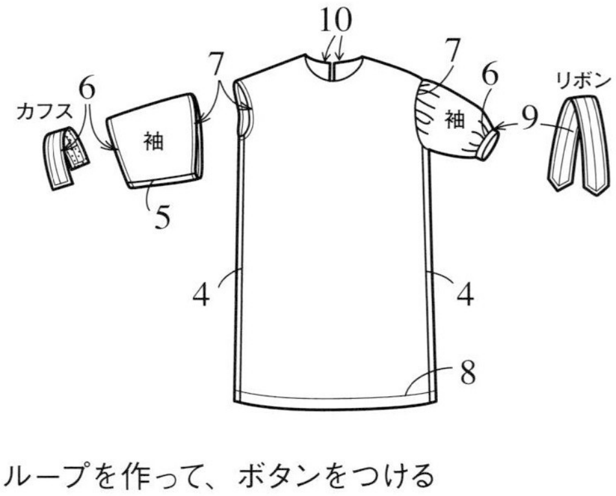

10 ループを作って、ボタンをつける

糸ループの作り方

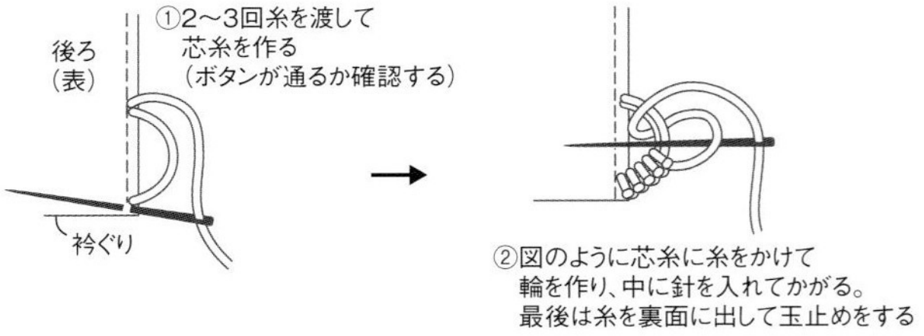

2 見返しの肩を縫う

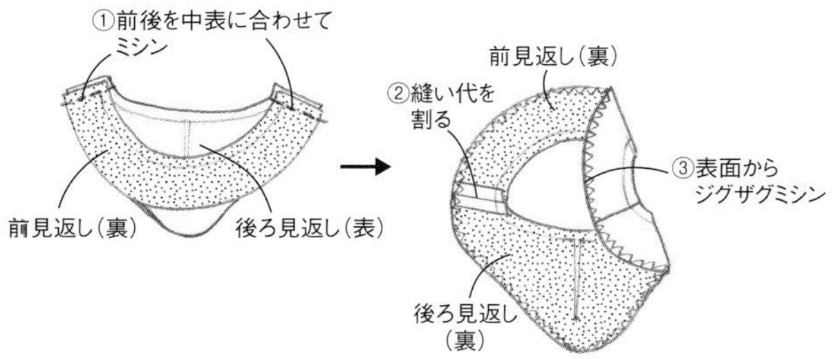

3 身頃に見返しを合わせて、衿ぐりと後ろあきを縫う

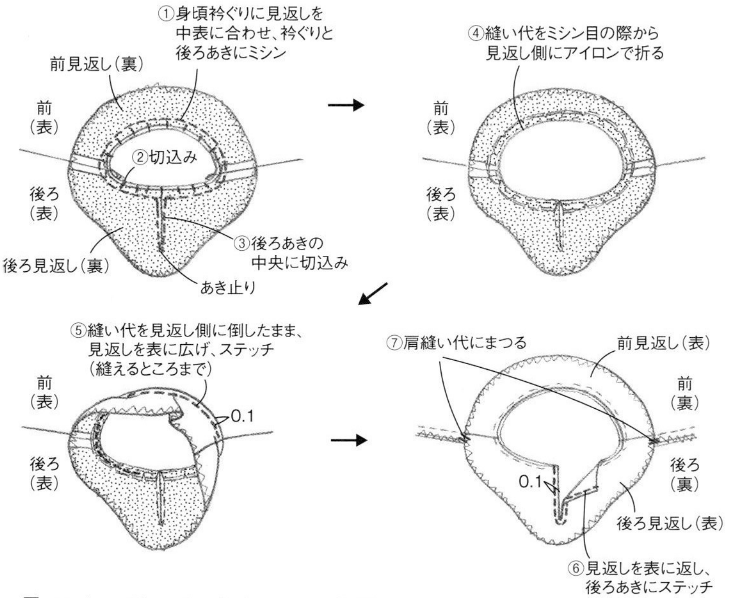

7 袖山にギャザーを寄せて、身頃につける

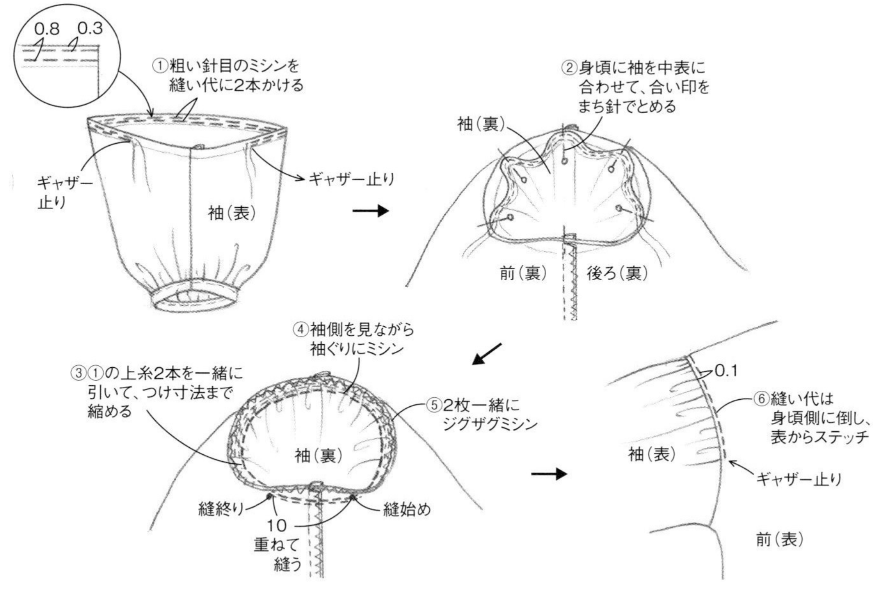

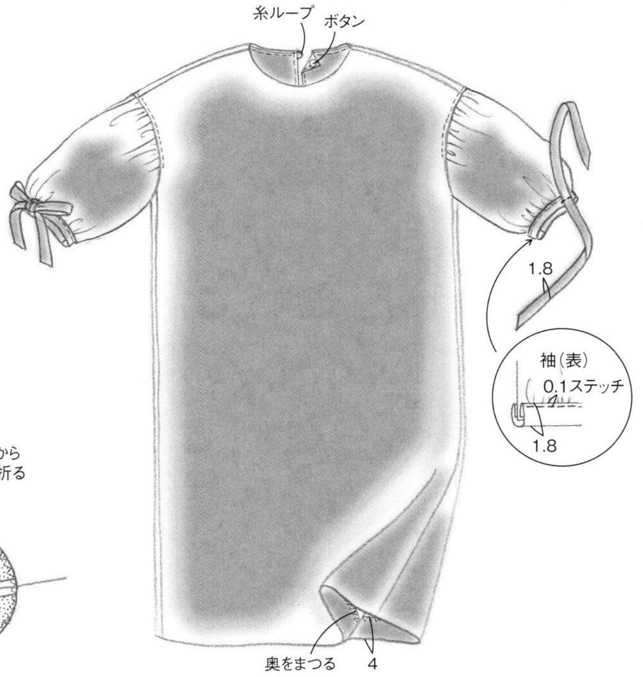

9 リボンを作って、カフスにつける

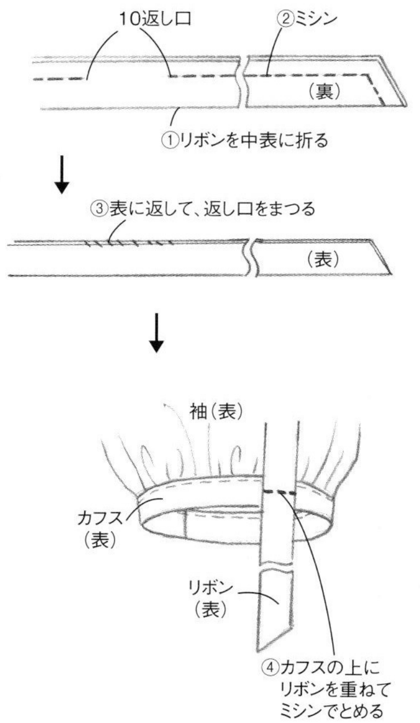

n 大きな衿のコート

作品20ページ

● 必要なパターン（実物大パターン C 面）

表前、表後ろ、表衿、裏衿、表前袖、表後ろ袖、前見返し、袖口見返し、袋布、裏前、裏後ろ、裏前袖、裏後ろ袖

● 材料

表布（ポリエステルグログラン）112cm幅 3.1 m

裏布 90cm幅 2.8 m

接着芯（前見返し、表衿、裏衿衿腰、袖口見返し分）90cm幅 1.2 m

接着テープ（前ポケット口分）1cm幅を 40cm

くるみスナップ直径 2.5cmを 5 組み

スナップ直径 1cmを 1 組み

● 裁合せ図

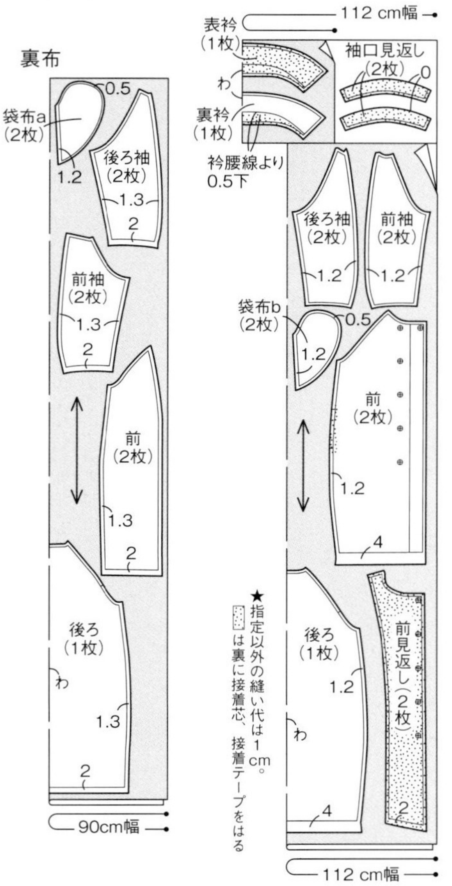

● 縫う前の準備

・前見返し、表衿、裏衿衿腰、袖口見返しの裏面に接着芯をはる

・前身頃裏面のポケット口の縫い代に接着テープをはる

・表身頃の脇、袋布の脇の縫い代に布の表面からジグザグミシンをかける

※出来上り寸法表は 63 ページ

● 縫い方順序

1 表身頃の脇を縫って、ポケットを作る（→ p.61）

2 表袖の肩を縫う。前後を中表に合わせて縫い、縫い代は割る

3 表袖の袖下を縫う。前後を中表に合わせて縫い、縫い代は割る

4 袖口見返しの袖下を縫う。
前後を中表に合わせて縫い、縫い代は割る

5 表袖口に袖口見返しをつける（→ p.61）

6 表身頃に表袖をつける（→ p.61）

7 衿を作る（→ p.62）

8 表身頃に衿を仮どめする（→ p.62）

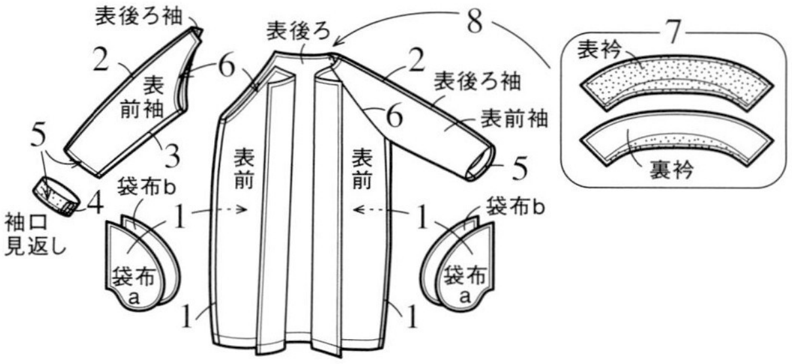

9 裏布の脇を縫う。前後を中表に合わせ、出来上り線より 0.3cm 外側を縫ったら出来上り線から縫い代を後ろ側にアイロンで折る

10 裏布の裾を三つ折りにして縫う

11 裏布の袖下を縫う（→ p.62）

12 裏身頃に裏袖をつける（→ p.62）

13 前見返しと裏身頃を縫い合わせる（→ p.62）

14 裏身頃の肩を縫う（→ p.62）

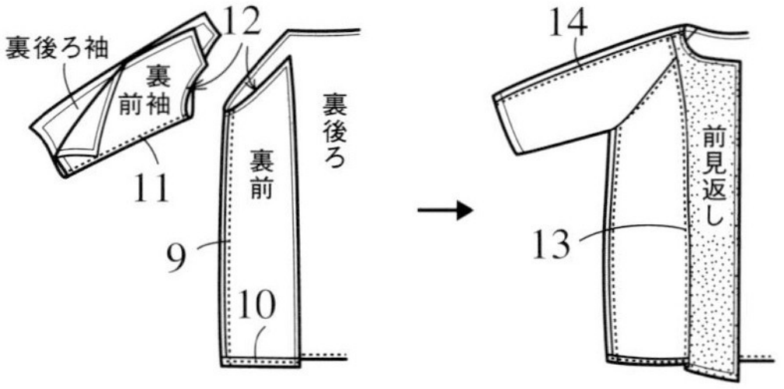

15 表身頃と裏身頃を縫い合わせる（→ p.63）

16 表身頃の裾を折ってまつる

17 裏袖口の奥をまつる（→ p.63）

18 表裾と裏裾を糸ループでとめる（→ p.63、58）

19 スナップをつける

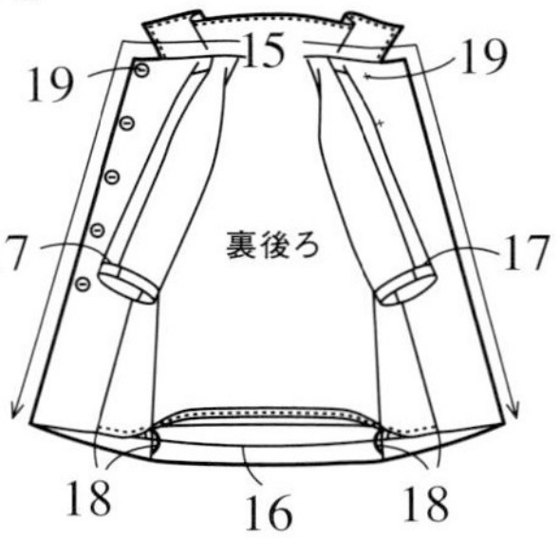

1 表身頃の脇を縫って、ポケットを作る

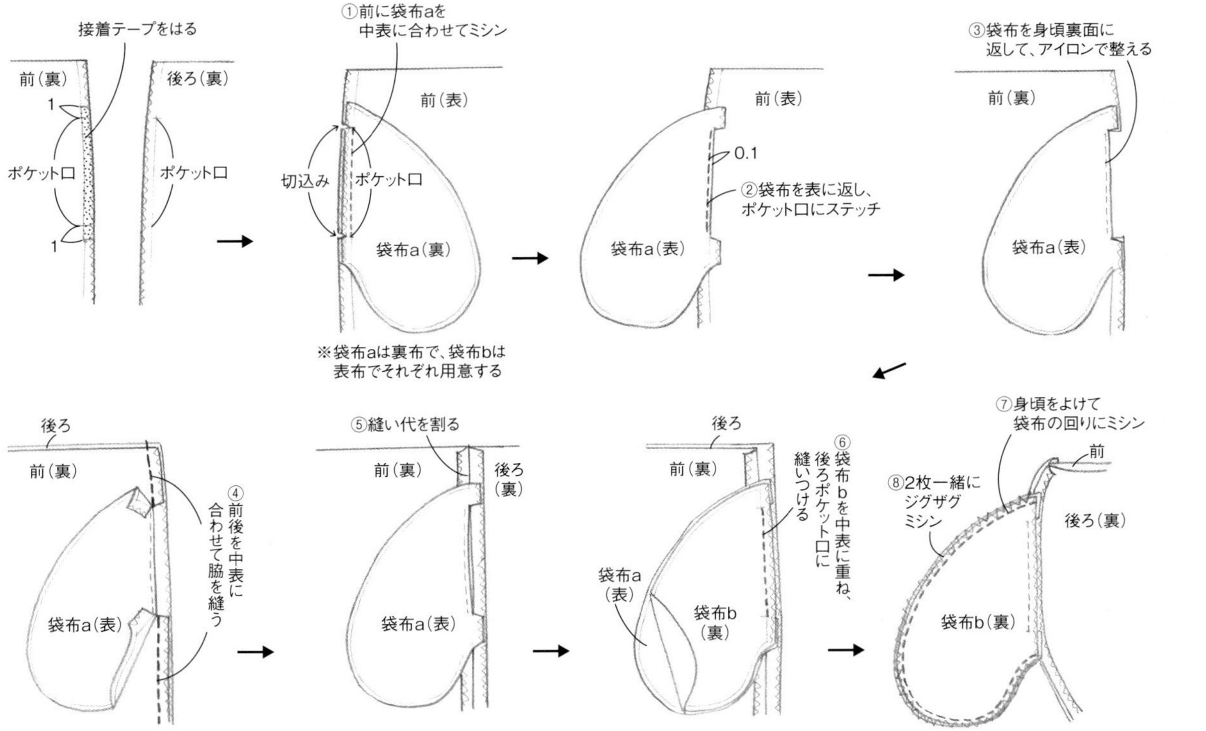

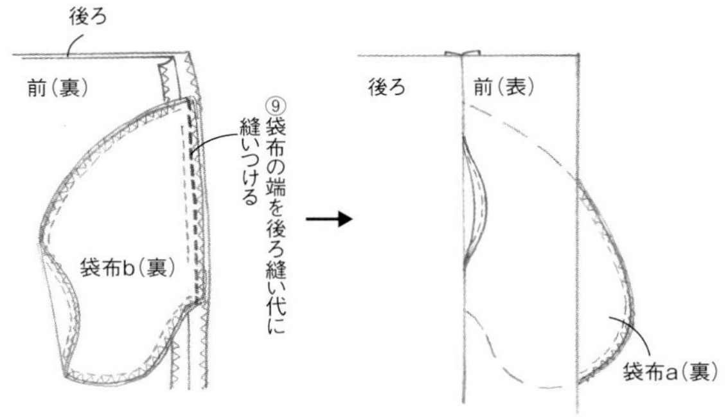

5 表袖口に袖口見返しをつける

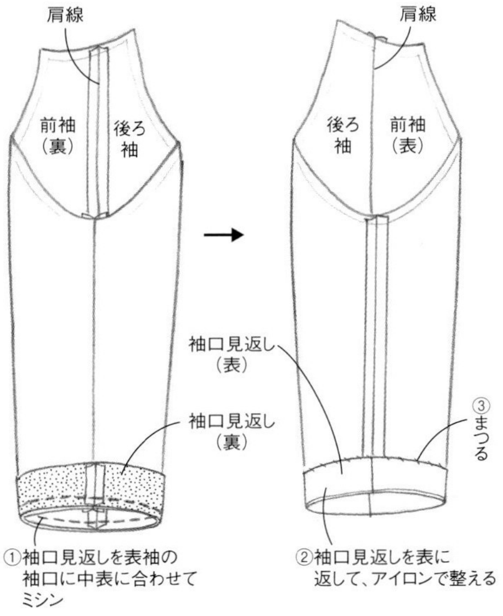

6 表身頃に表袖をつける

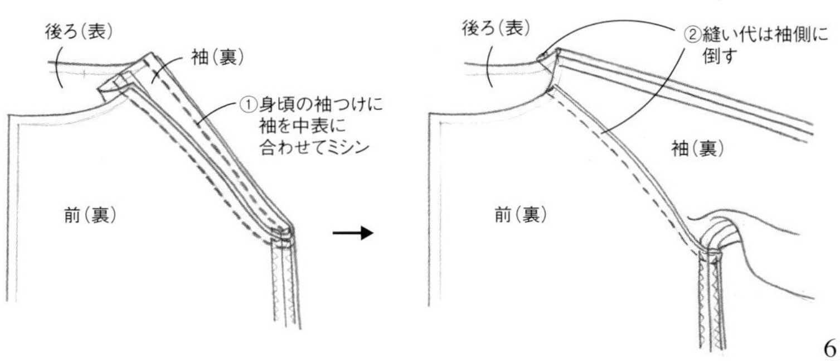

7 衿を作る

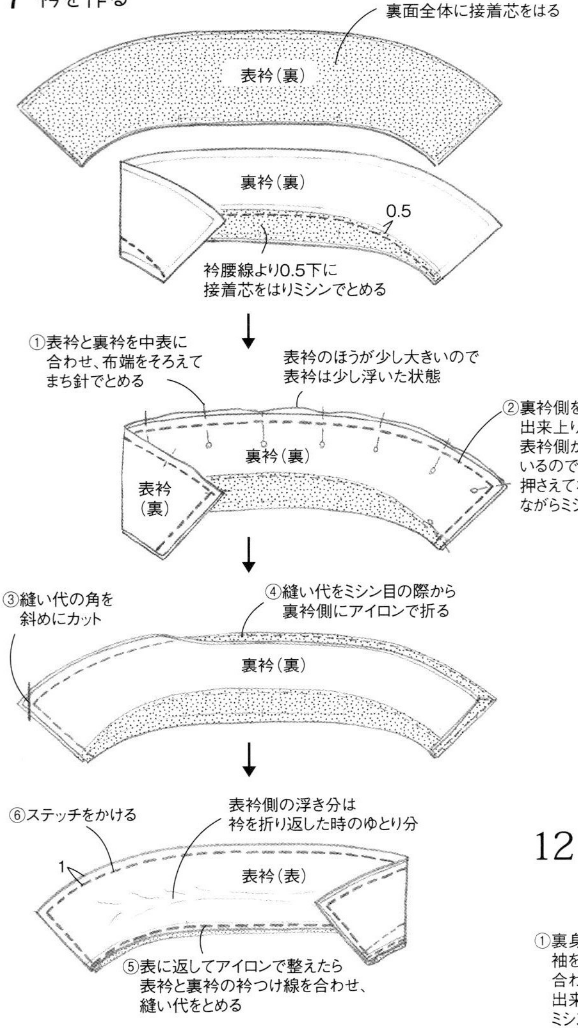

8 表身頃に衿を仮どめする

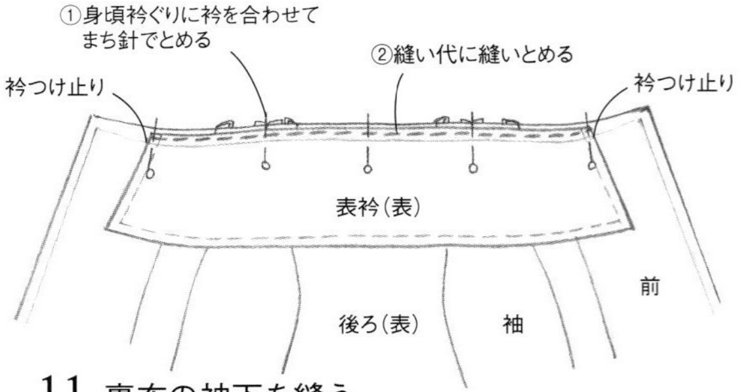

11 裏布の袖下を縫う

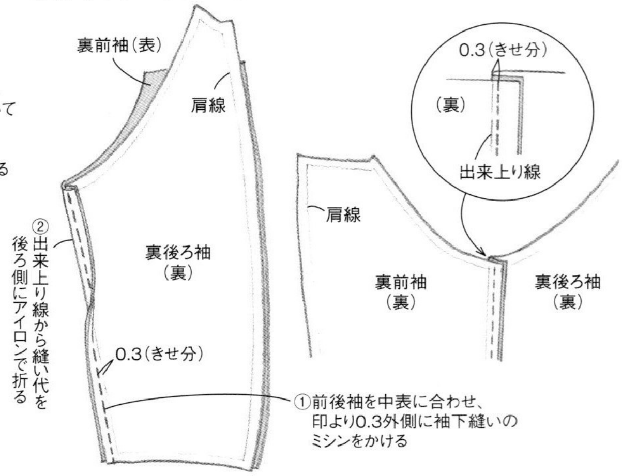

12 裏身頃に裏袖をつける

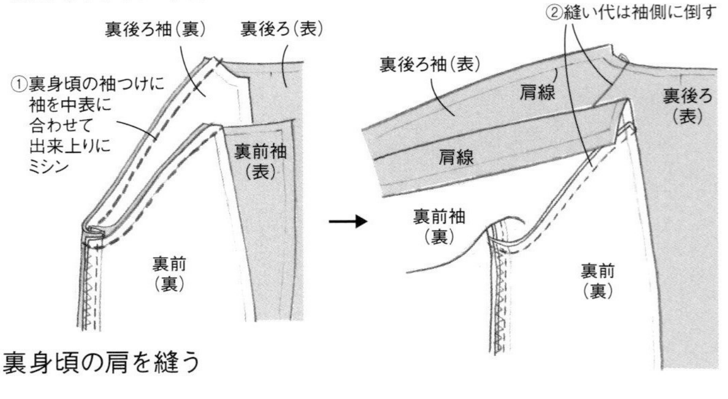

13 前見返しと裏身頃を縫い合わせる

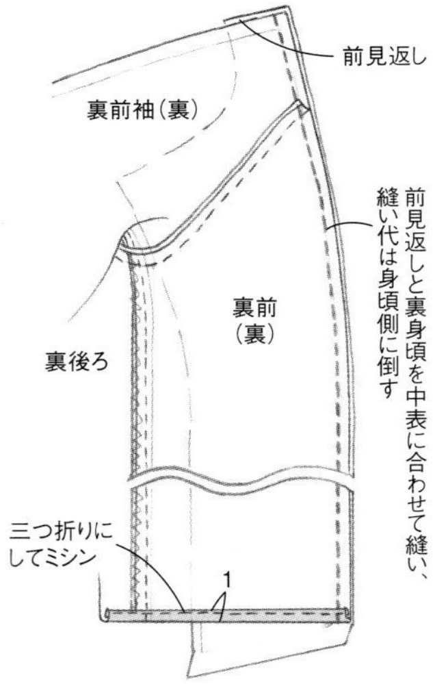

14 裏身頃の肩を縫う

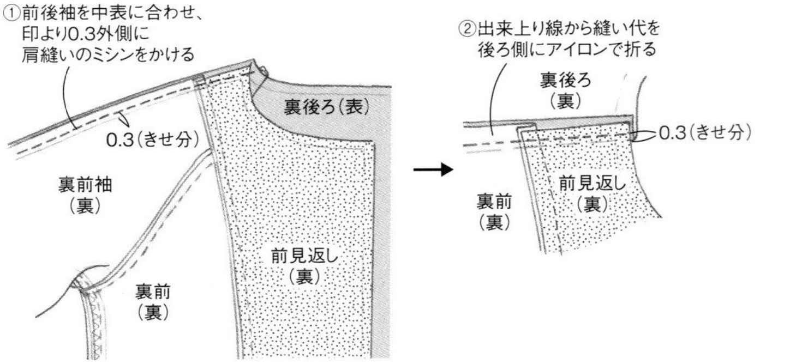

15 表身頃と裏身頃を縫い合わせる

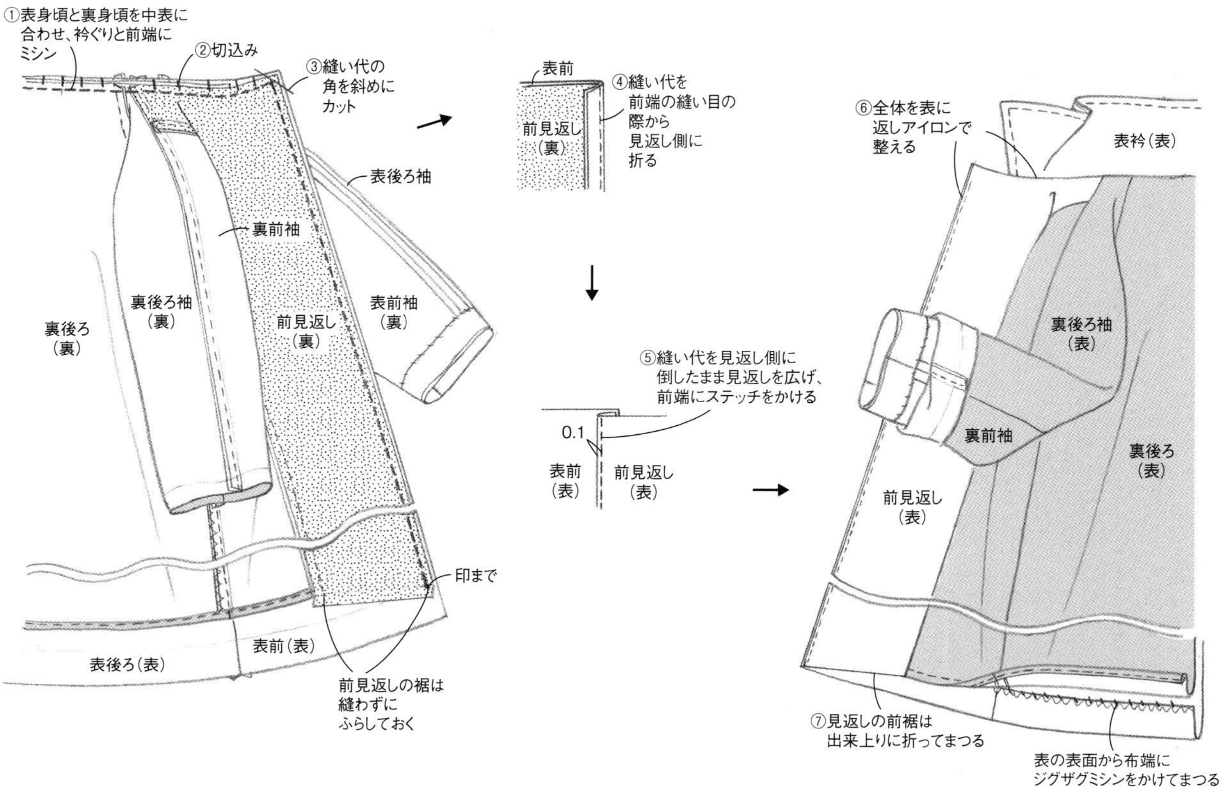

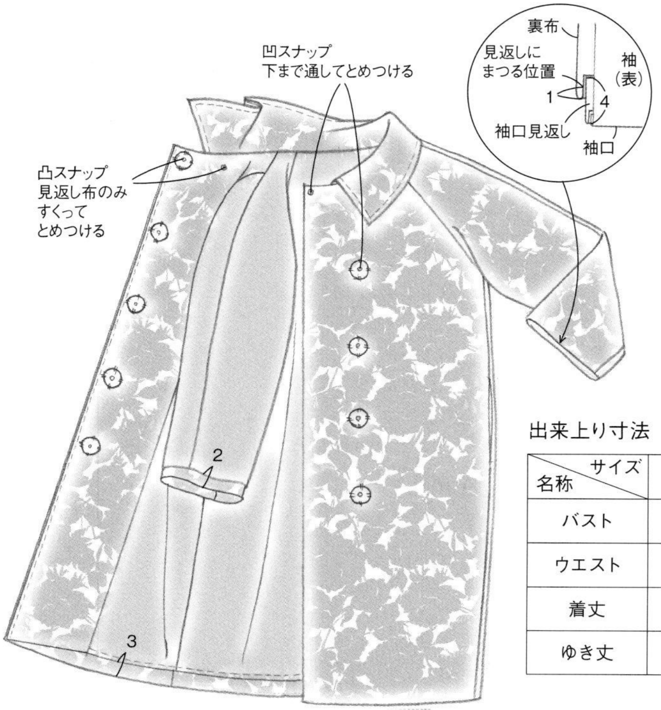

17 裏袖口の奥をまつる

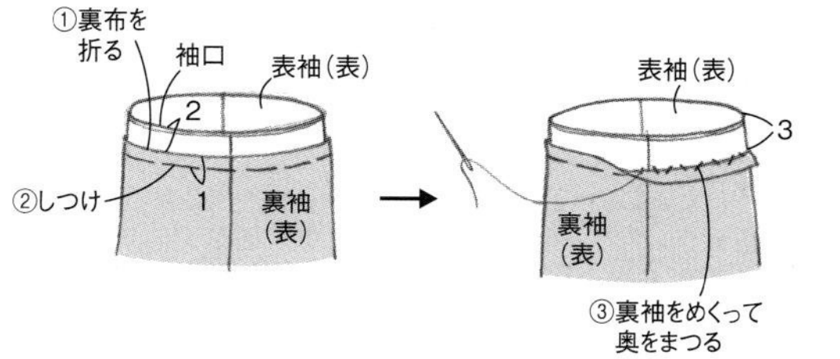

18 表裾と裏裾を糸ループでとめる

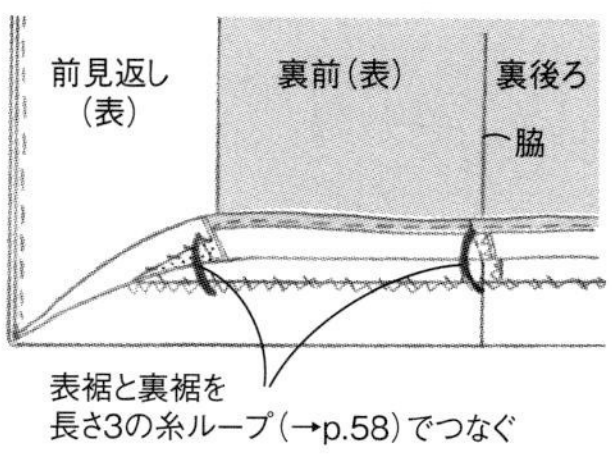

出来上り寸法

(cm)

サイズ／名称	9	11	13
バスト	104	107	111
ウエスト	115	118	121
着丈	96	96	96
ゆき丈	67.8	68.4	69

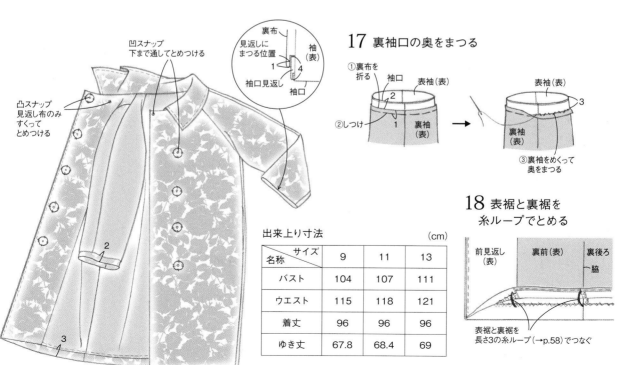

O ウールガーゼのブラウス

作品22ページ

● 必要なパターン（実物大パターンＡ面）

前、後ろ上、後ろ下、袖、袖口縁とり布、後ろあき見返し
※衿ぐり縁とり布、ひもは、裁合せ図で示した寸法を
直接布地にしるして裁つ

● 材料

表布（ウールガーゼ）140㎝幅 1.3 m
別布（刺繍入りチュールレース）92㎝幅 60㎝
接着芯（後ろあき見返し分）10 × 15㎝
ボタン直径 1.2㎝を 1 個

● 裁合せ図

表布

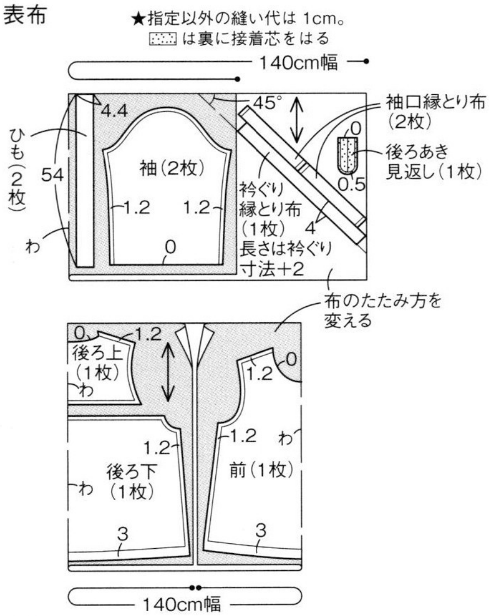

別布

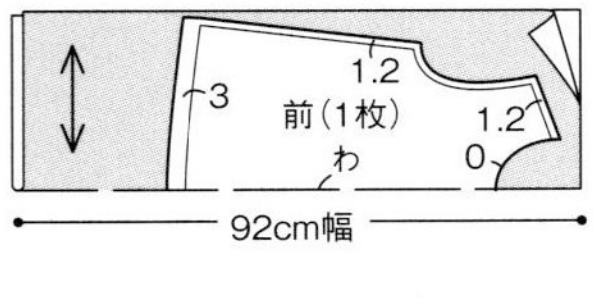

出来上り寸法（cm）

サイズ／名称	9	11	13
バスト	96	99	102
背肩幅	36.9	37.7	38.5
着丈	58	58	58
袖丈	49.2	49.3	49.4

● 縫う前の準備

・後ろあき見返しの裏面に接着芯をはる

● 縫い方順序

1 前身頃の表布と別布を重ねる（→ p.65）
2 後ろあきを作る（→ p.65）
3 後ろ下身頃にギャザーを寄せて、
　後ろ上身頃と縫い合わせる（→ p.65）

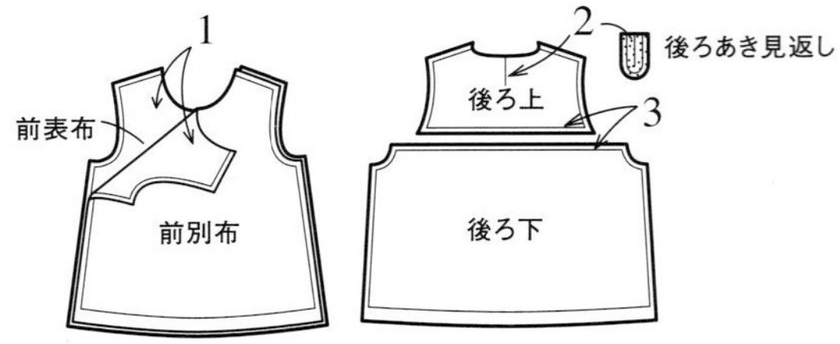

4 肩を縫う。前後を中表に合わせて縫い、縫い代は後ろ側に倒す
5 衿ぐりを縁とり布でくるむ（→ p.65）
6 ひもを作って（→ p.39）、身頃に仮どめする（→ p.75）

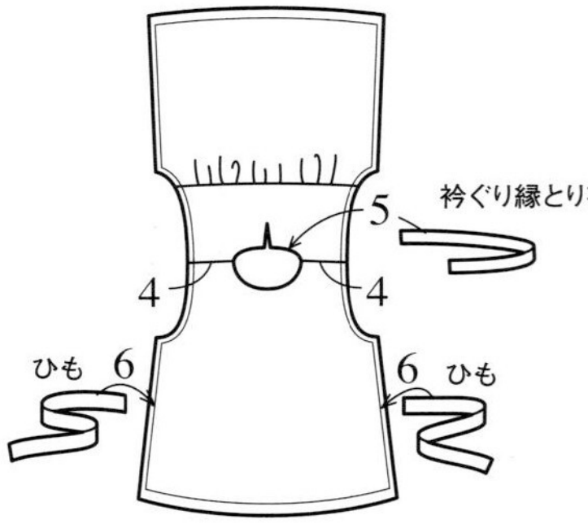

7 脇を縫う（→ p.75）
8 袖下を縫う。前後を中表に合わせて縫い、縫い代は後ろ側に倒す
9 袖口にギャザーを寄せて、縁とり布でくるむ（→ p.52）
10 身頃に袖をつける（→ p.73）
11 裾を折って、ステッチでとめる
12 糸ループを作って（→ p.58）、ボタンをつける

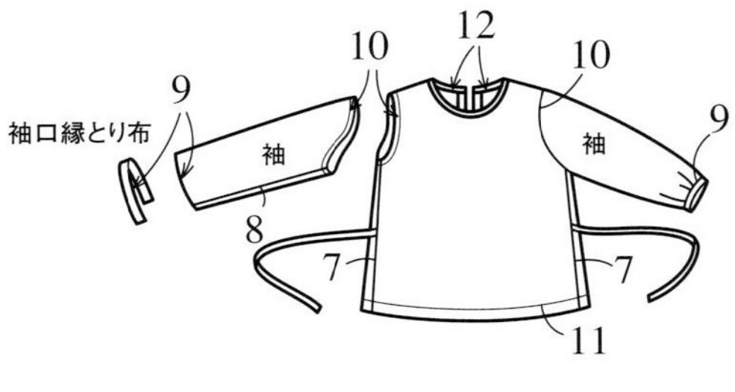

1 前身頃の表布と別布を重ねる

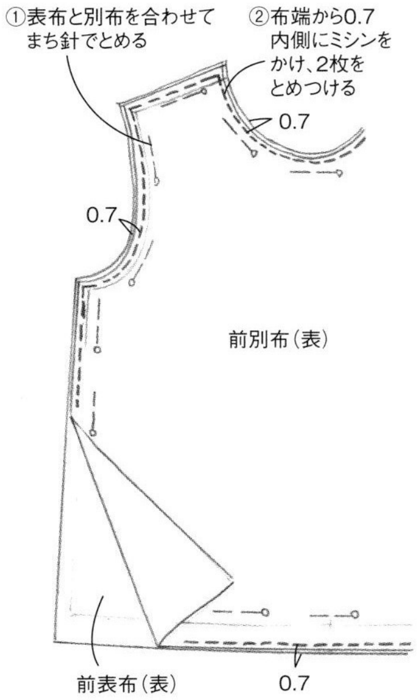

2 後ろあきを作る

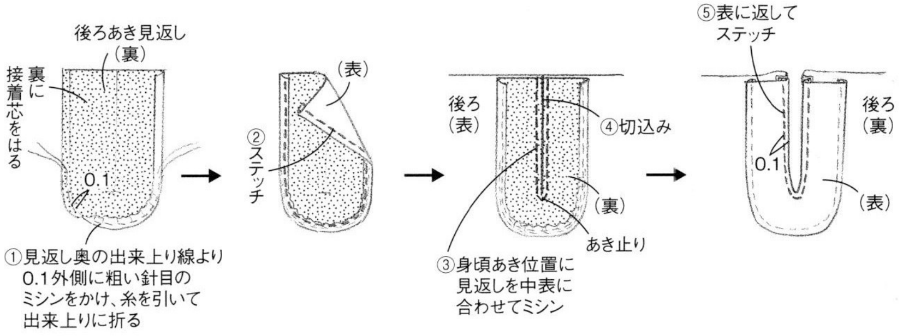

3 後ろ下身頃にギャザーを寄せて、後ろ上身頃と縫い合わせる

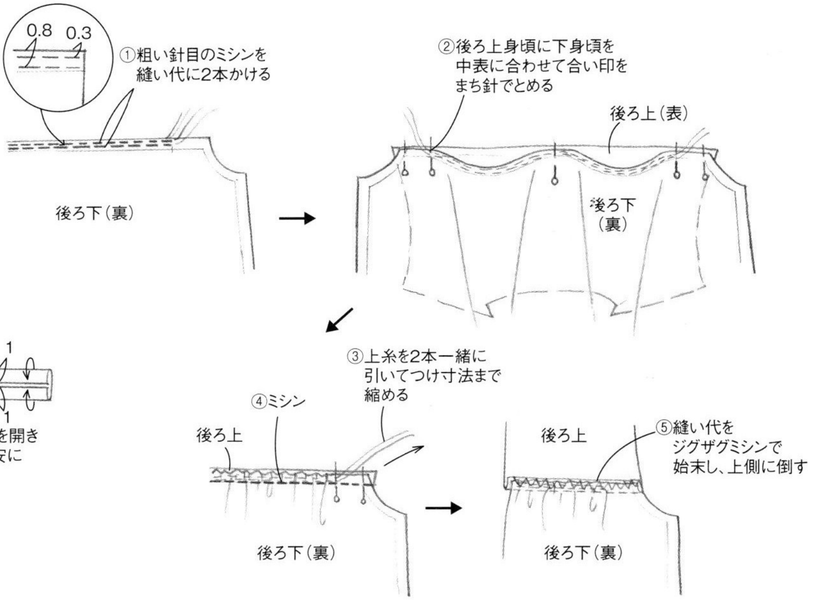

5 衿ぐりを縁とり布でくるむ

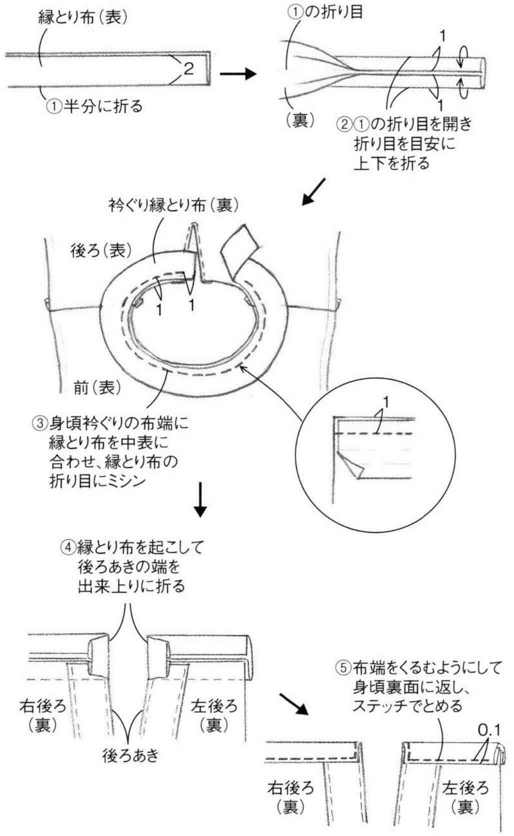

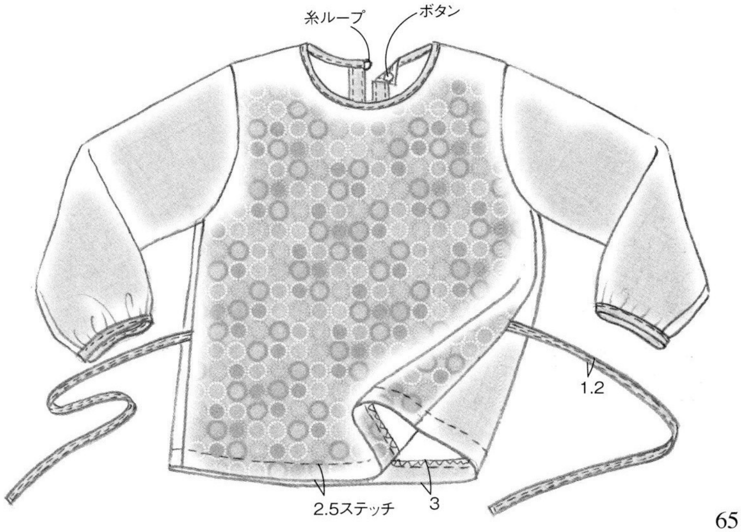

r 赤いウールガーゼで

作品25ページ

● 必要なパターン（実物大パターンＤ面）

前、後ろ、袖、フリル１、２、３、衿ぐり縁とり布

● 材料

表布（ウールガーゼ）138㎝幅 1.4ｍ

● 裁合せ図

表布

★指定以外の縫い代は1cm。
フリル1、2、3はすべて裁切り

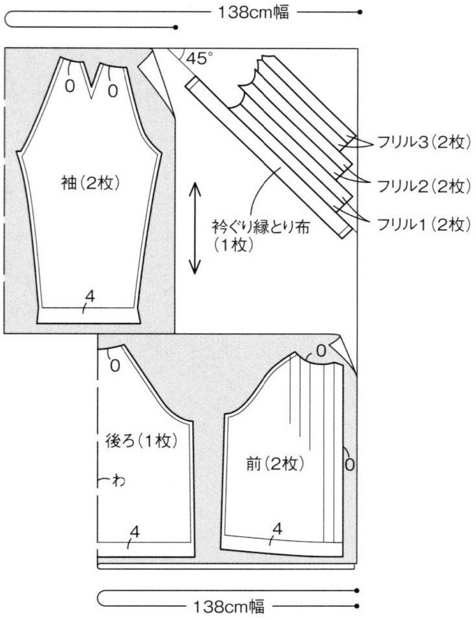

出来上り寸法

(cm)

サイズ／名称	9	11	13
バスト	96	99	102
着丈	52	52	52
ゆき丈	75.6	76.2	76.8

● 縫い方順序

1 フリルにギャザーを寄せて、前身頃につける（→ p.67）

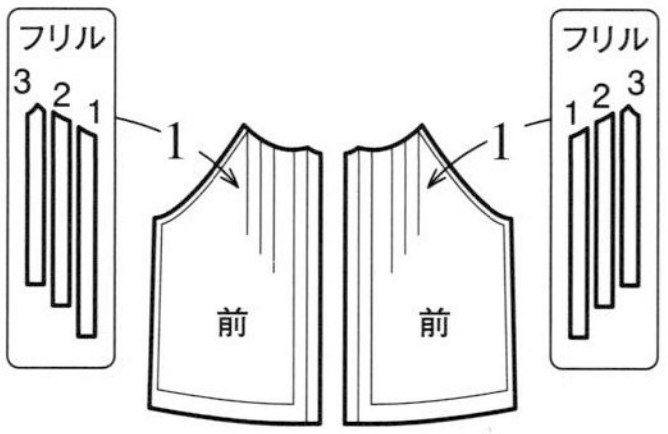

2 肩のダーツを縫う。縫い代は後ろ側に倒す

3 身頃に袖をつける（→ p.67）

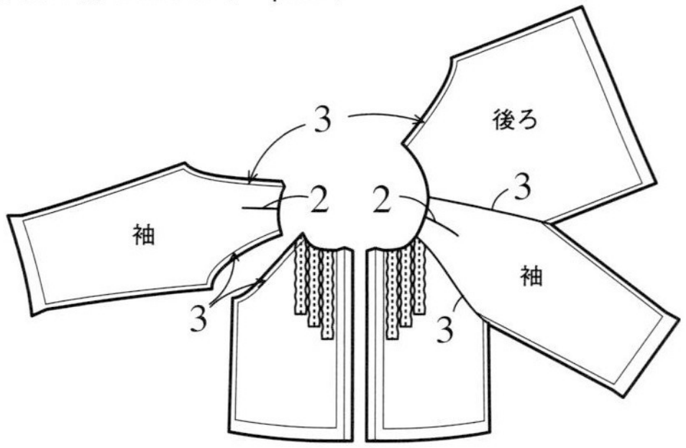

4 袖下と脇を続けて縫う（→ p.67）

5 袖口を三つ折りにして縫う

6 前見返しを折る（→ p.67）

7 裾を三つ折りにして縫う（→ p.68）

8 衿ぐりを縁とり布でくるむ（→ p.68）

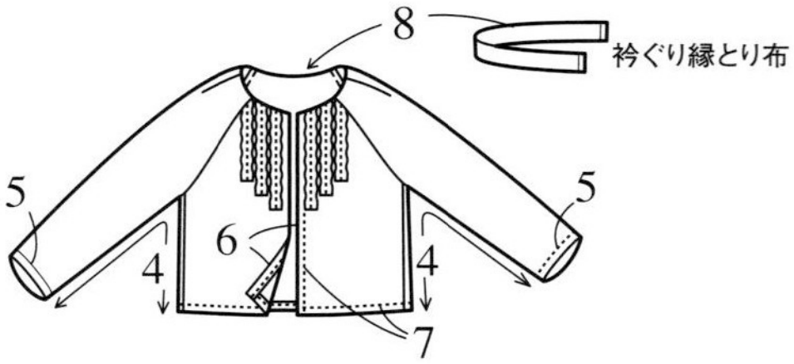

1 フリルにギャザーを寄せて、前身頃につける

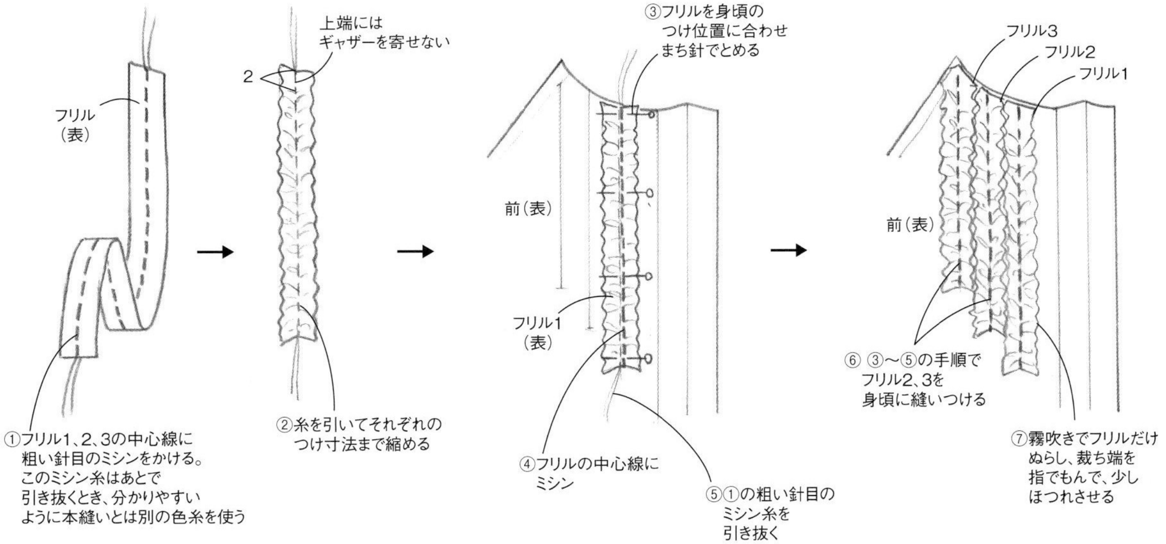

3 身頃に袖をつける

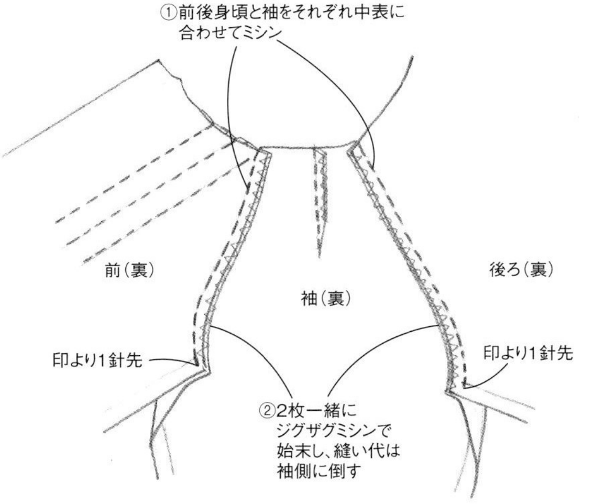

4 袖下と脇を続けて縫う

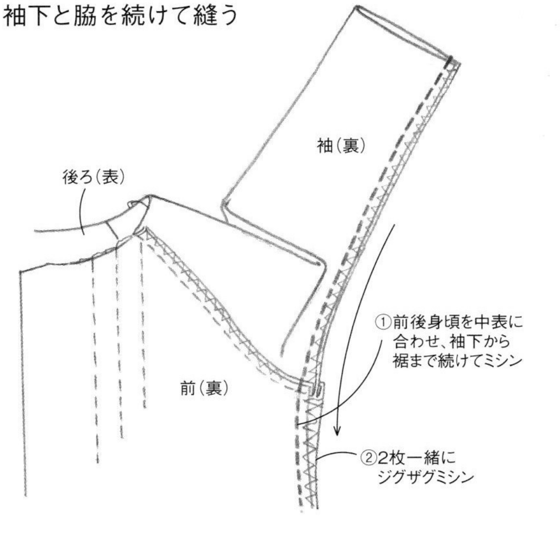

6 前見返しを折る

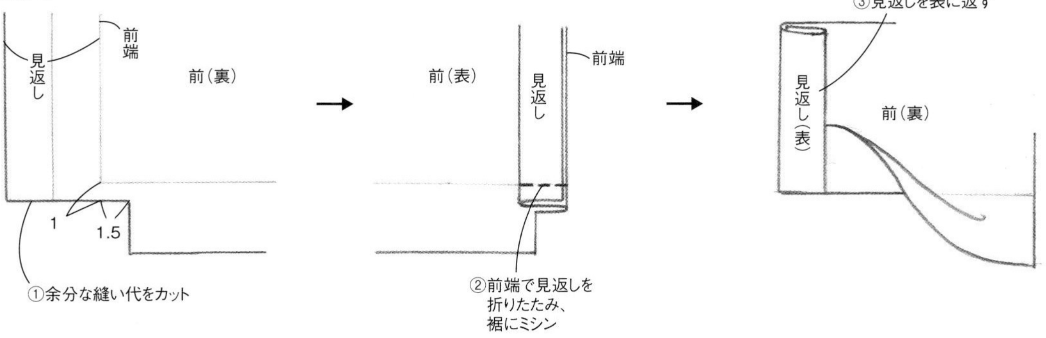

7 裾を三つ折りにして縫う

※袖口も裾と同様に①〜⑥の手順で三つ折りにする

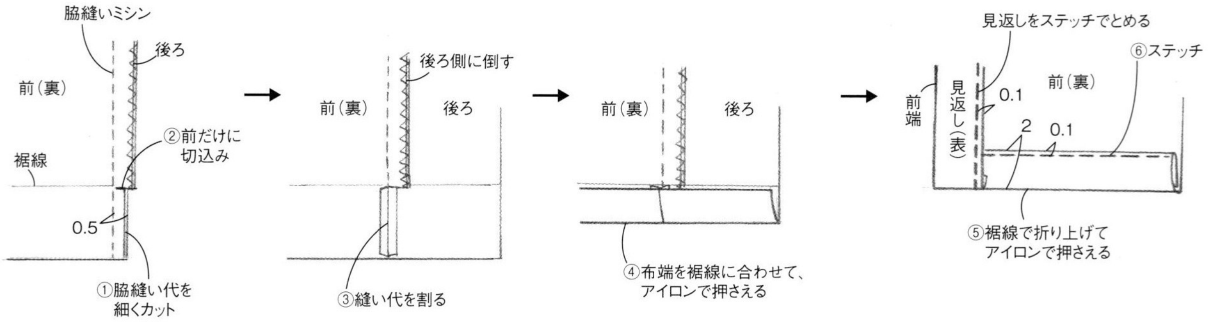

8 衿ぐりを縁とり布でくるむ

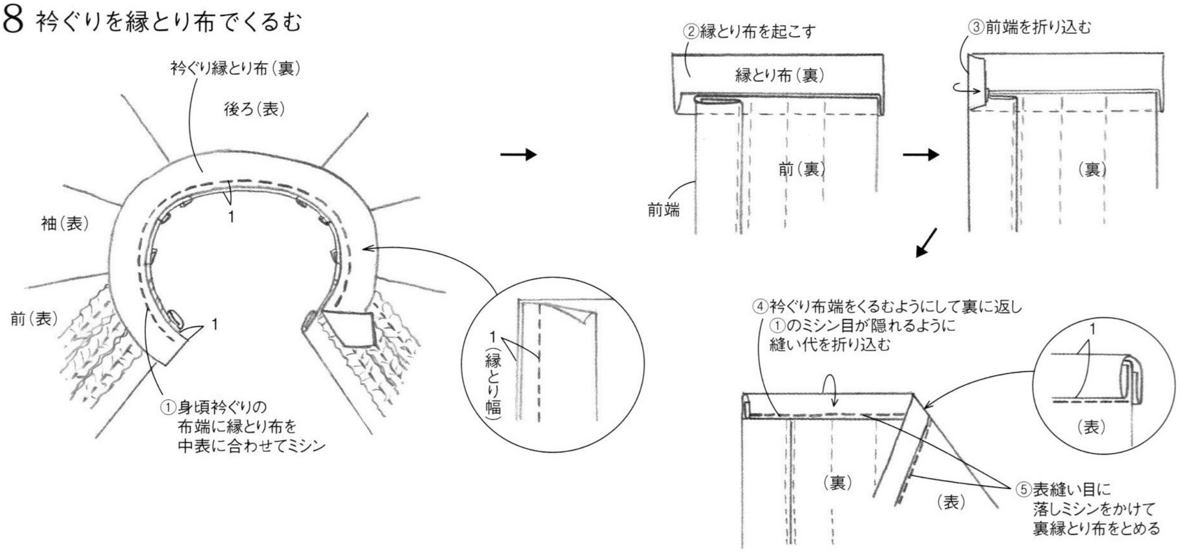

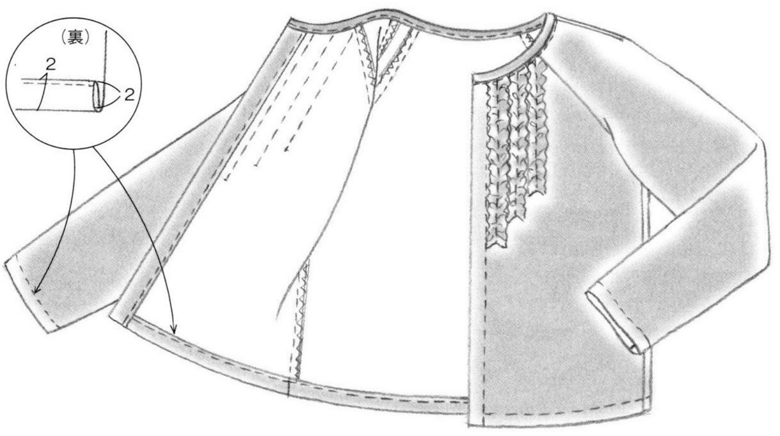

q フリルつきのカーディガン
作品24ページ

● 必要なパターン（実物大パターンＤ面）
前、後ろ、袖、フリル１、２、３、衿ぐり縁とり布

● 材料
表布（コットンダブルガーゼ）114cm幅 1.6ｍ
ボタン直径1.3cmを７個

● 縫い方ポイント
rと共通のパターンを使っています。縫い方順序はr（p.66～68）の１～７と同じですが、
「8 衿ぐりを縁とり布でくるむ」はp.69を
「9 ボタンホールを作って、ボタンをつける」はp.53を参照してください。

● 裁合せ図
表布

★指定以外の縫い代は1cm。
フリル１、２、３はすべて裁切り

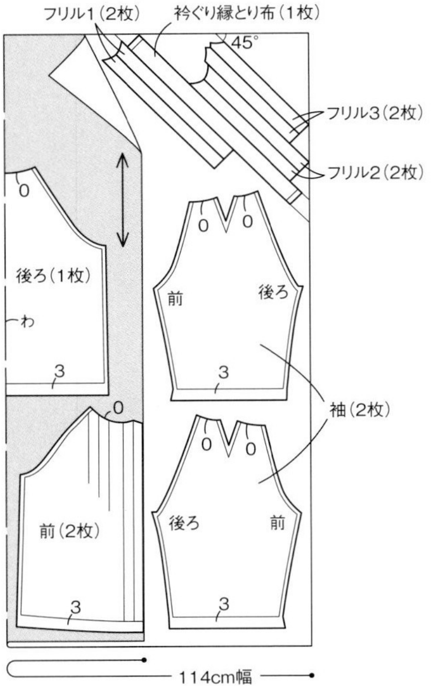

出来上り寸法
（cm）

サイズ / 名称	9	11	13
バスト	96	99	102
着丈	56	56	56
ゆき丈	60.7	61.4	62.1

8 衿ぐりを縁とり布でくるむ

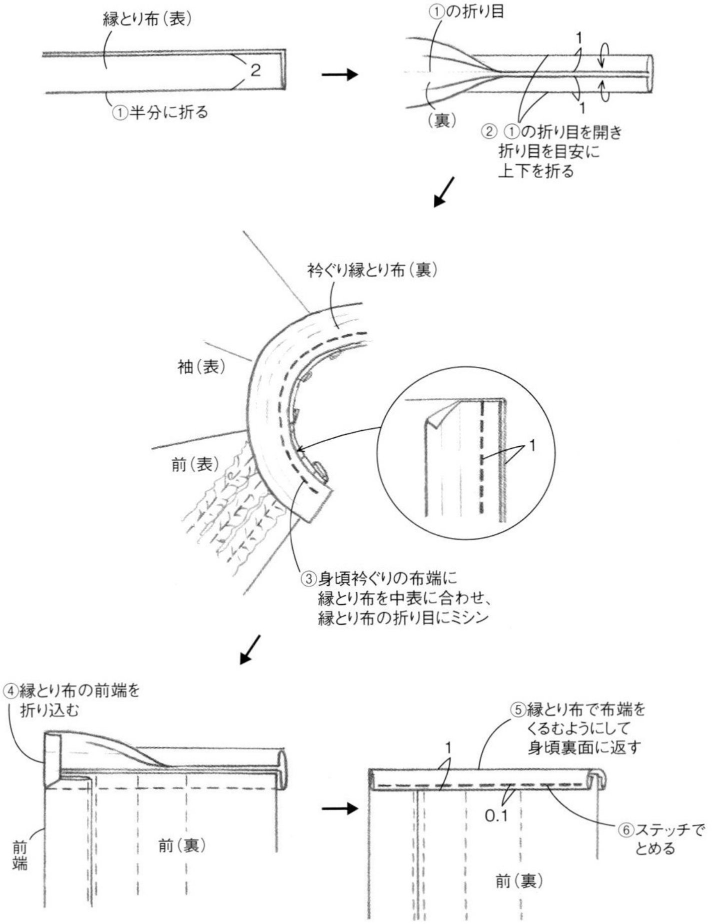

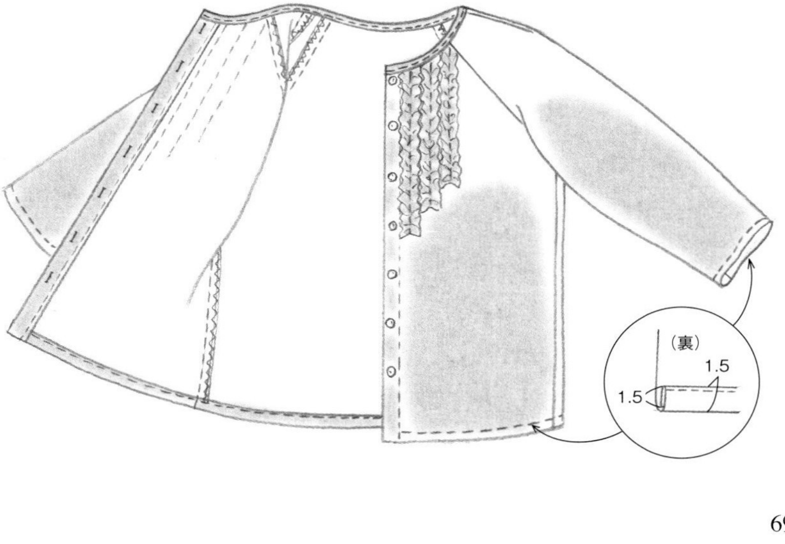

p 濃紺のジャンパースカート

作品23ページ

● 必要なパターン（実物大パターン D 面）

前、後ろ、脇、前見返し、後ろ見返し、袋布

● 材料

表布（コットンリネン）148㎝幅 1.5 m

接着芯（見返し分）90㎝幅 70㎝

接着テープ（衿ぐり、袖ぐり、前ポケット口分）1㎝幅を 2.1 m

● 裁合せ図

表布

★指定以外の縫い代は 1cm。
▒は裏に接着芯、接着テープをはる

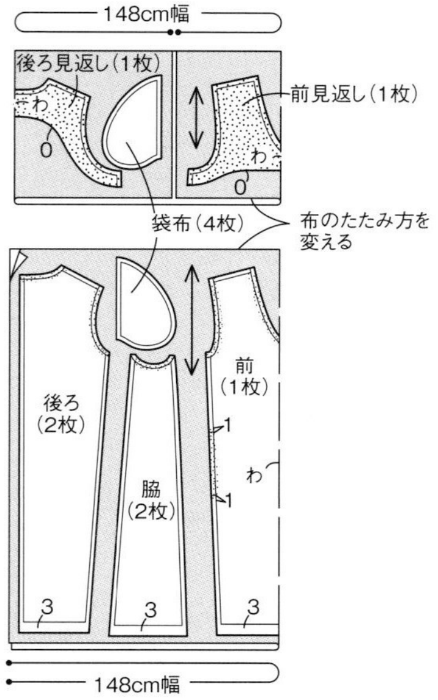

出来上り寸法 (cm)

名称 ＼ サイズ	9	11	13
バスト	100.5	103.5	106.5
背肩幅	38.4	39.2	40
着丈	95	95	95

● 縫う前の準備

・前見返し、後ろ見返しの裏面に接着芯をはる

・身頃裏面の衿ぐり、袖ぐり、前ポケット口の縫い代に接着テープをはる

・見返しの端にジグザグミシンをかける

● 縫い方順序

1 後ろ中心を縫う。
左右を中表に合わせて縫い、縫い代は右身頃側に倒す

2 身頃の肩を縫う。前後を中表に合わせて縫い、縫い代は割る

3 見返しの肩を縫う。前後を中表に合わせて縫い、縫い代は割る

4 身頃に見返しを合わせて、衿ぐりを縫う（→ p.71）

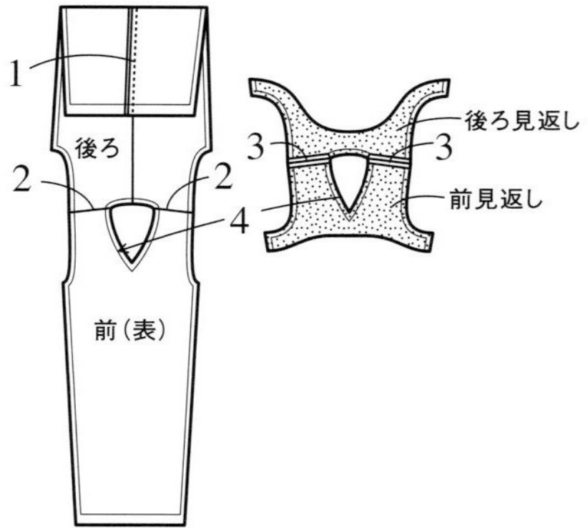

5 袖ぐりを縫う（→ p.71）

6 前身頃と脇身頃を縫って、ポケットを作る（→ p.72）

7 後ろ身頃と脇身頃を縫って、袖ぐり下を仕上げる（→ p.72）

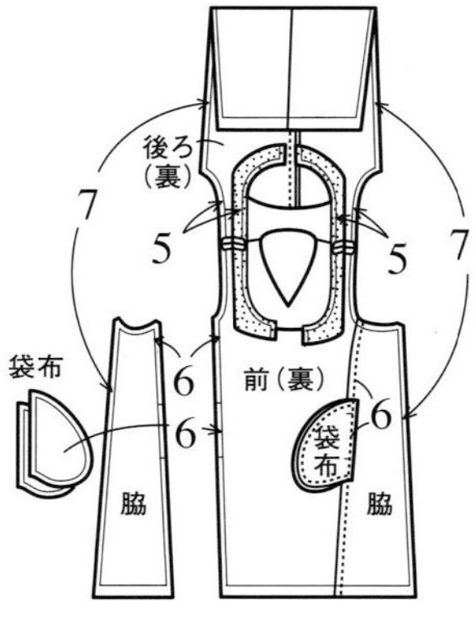

8 衿ぐりと袖ぐりにステッチをかける

9 裾を三つ折りにして縫う

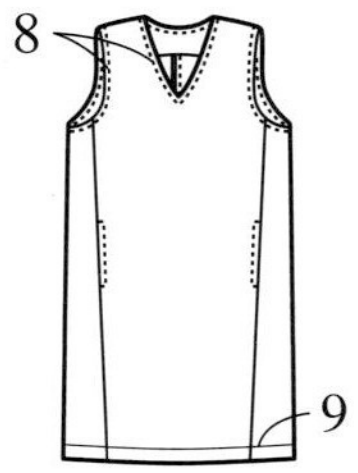

4 身頃に見返しを合わせて、衿ぐりを縫う

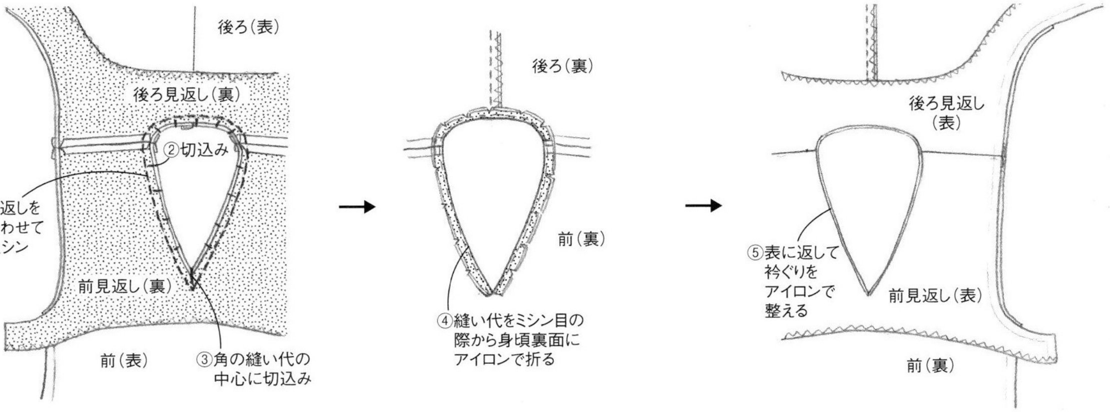

5 袖ぐりを縫う

左袖ぐりの縫い方

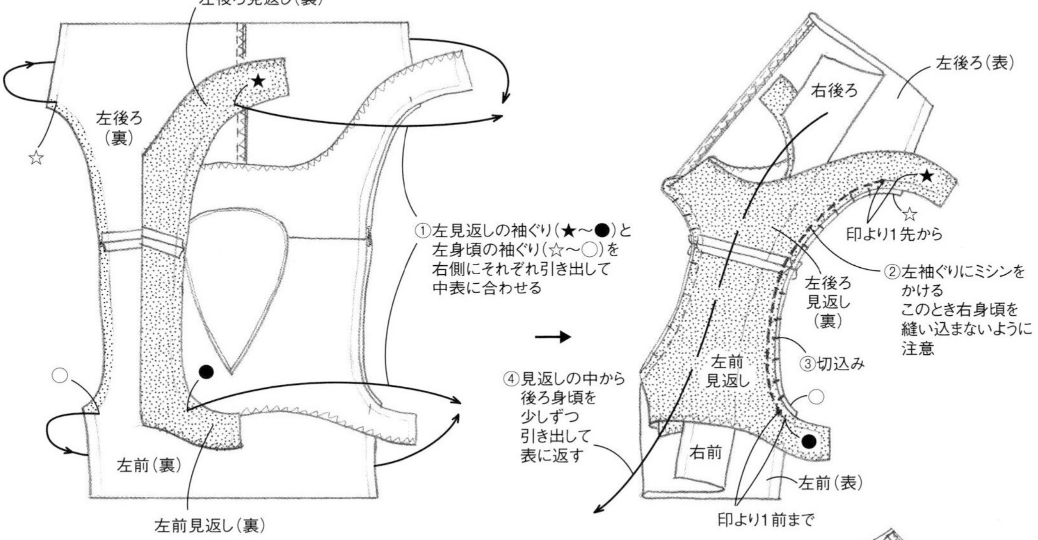

右袖ぐりの縫い方

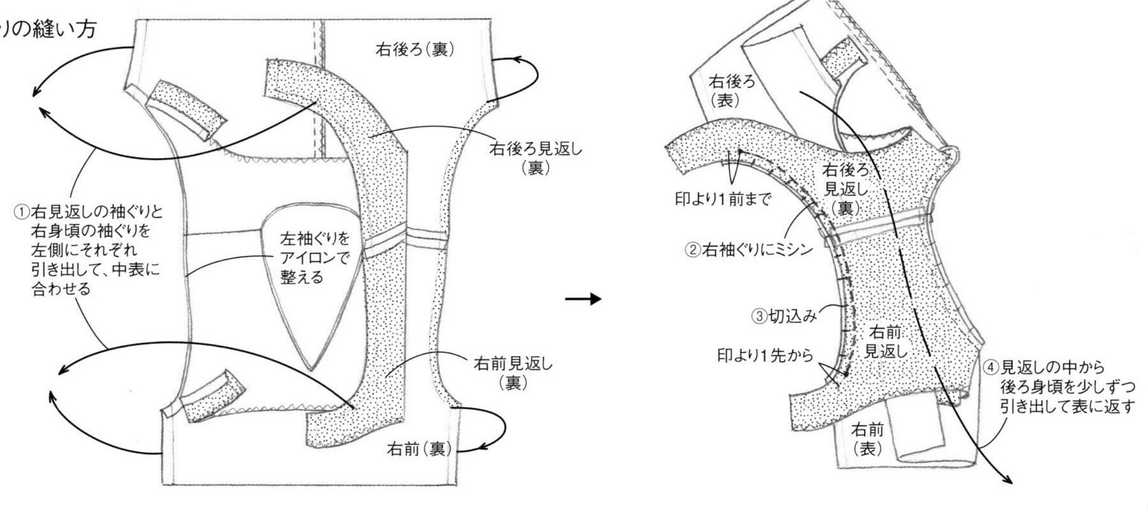

6 前身頃と脇身頃を縫って、ポケットを作る

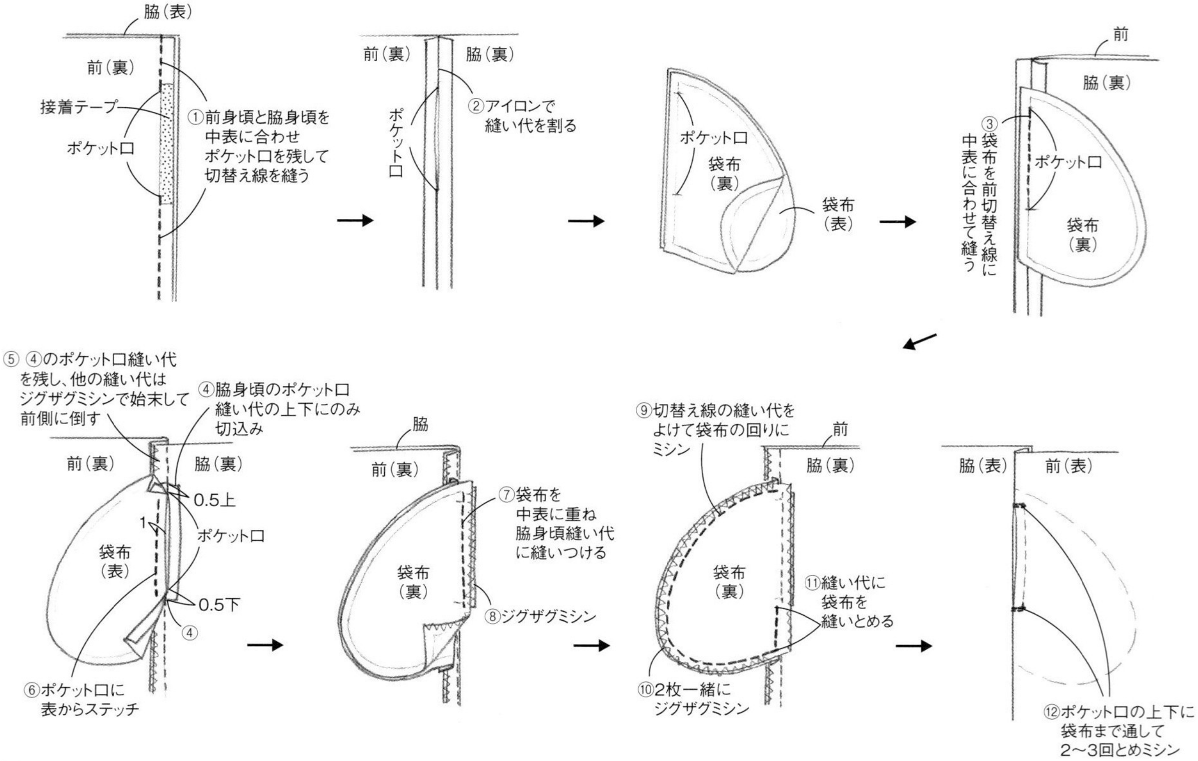

7 後ろ身頃と脇身頃を縫って、袖ぐり下を仕上げる

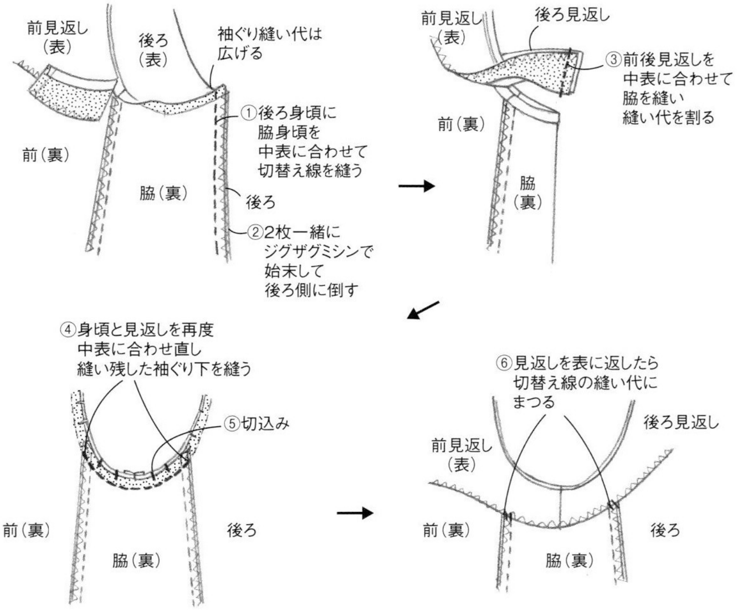

t ウールガーゼのコート

作品28ページ

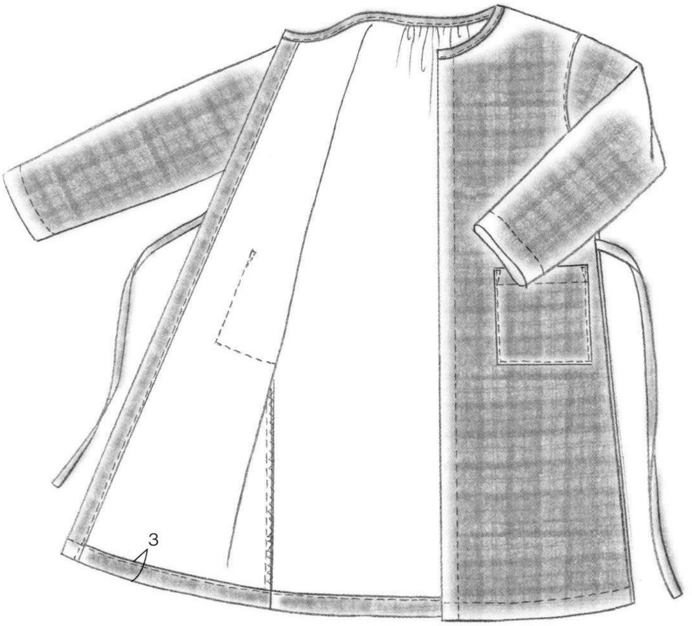

● 必要なパターン（実物大パターン C 面）

前、後ろ、袖、衿、ポケット

※ひもは、裁合せ図で示した寸法を直接布地にしるして裁つ

● 材料

表布（ウールガーゼ）137㎝幅 2.3 m

● 縫い方ポイント

s と共通のパターンを使っています。縫い方も同じなので、s（p.74 ～75）と t（p.73）を併せて参照してください。

● 裁合せ図

表布

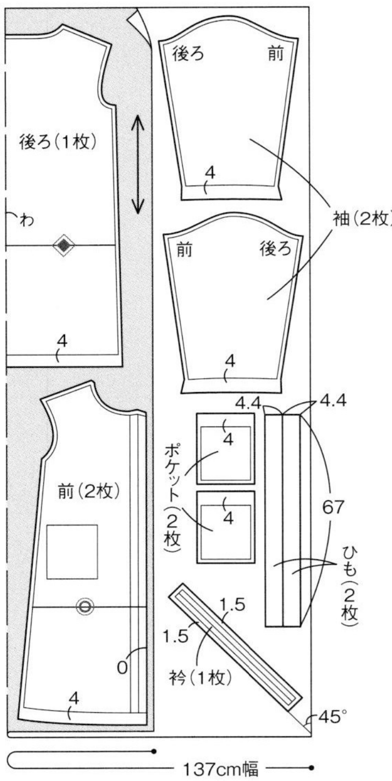

出来上り寸法 （cm）

サイズ／名称	9	11	13
バスト	115	118	121
背肩幅	50.7	51.5	52.3
着丈	100	100	100
袖丈	51.9	52	52.1

9 身頃に袖をつける

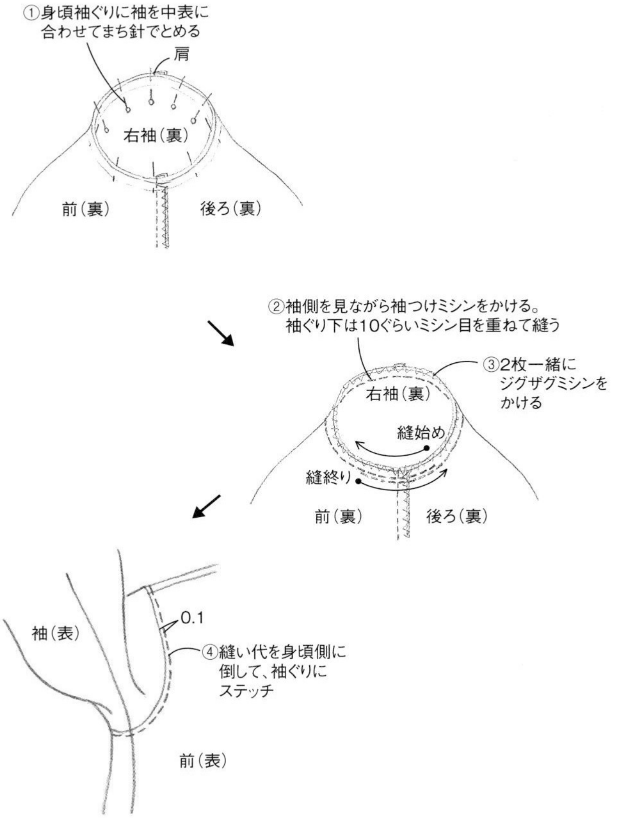

S リネンボイルのコート

作品26ページ

● 必要なパターン（実物大パターン C 面）

前、後ろ、袖、衿、ポケット

※ひもは、裁合せ図で示した寸法を直接布地にしるして裁つ

● 材料

表布（リネン）116㎝幅 3 m

● 裁合せ図

表布

★指定以外の縫い代は 1cm。

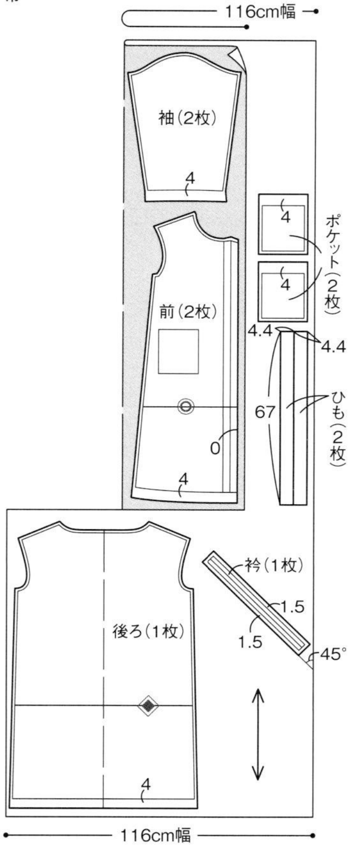

出来上り寸法 （cm）

サイズ／名称	9	11	13
バスト	115	118	121
背肩幅	50.7	51.5	52.3
着丈	103	103	103
袖丈	51.9	52	52.1

● 縫う前の準備

・ポケットの外回りの縫い代にジグザグミシンをかける

● 縫い方順序

1 ポケットを作ってつける（→ p.75）

2 肩を縫う。前後を中表に合わせて縫い、縫い代は後ろ側に倒す

3 ひもを作って、身頃に仮どめする（→ p.75）

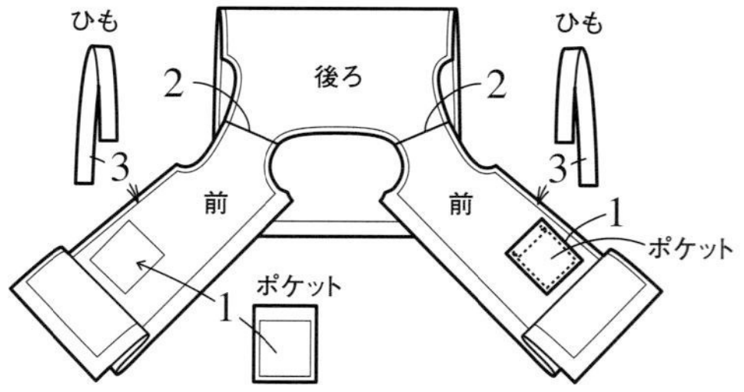

4 脇を縫う（→ p.75）

5 前見返しを折る（→ p.67）

6 裾と前端を三つ折りにして縫う

7 袖下を縫う。前後を中表に合わせて縫い、縫い代は後ろ側に倒す

8 袖口を三つ折りにして縫う

9 身頃に袖をつける（→ p.73）

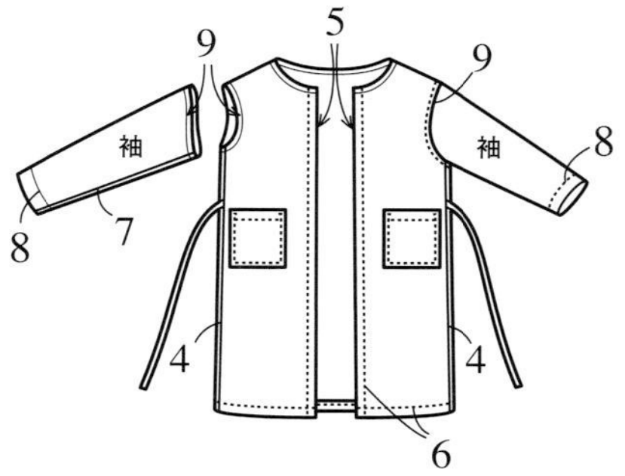

10 後ろ衿ぐりにギャザーを寄せて、衿をつける（→ p.75）

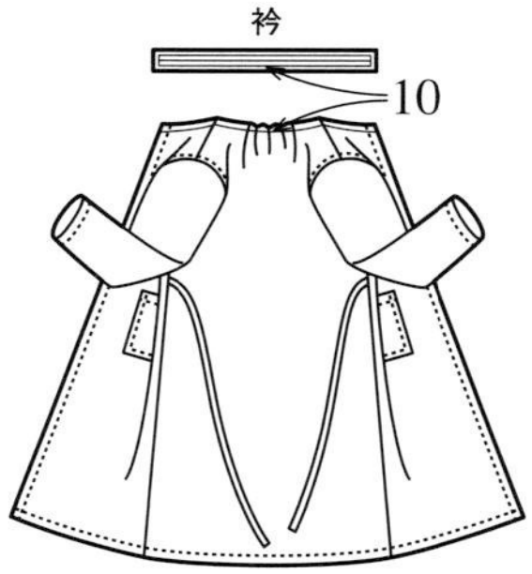

1 ポケットを作ってつける

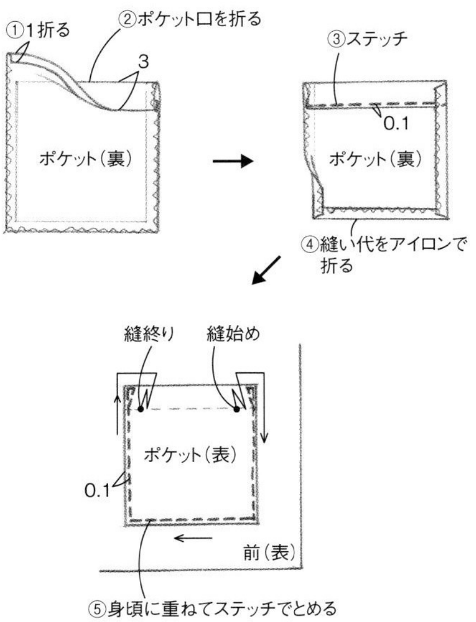

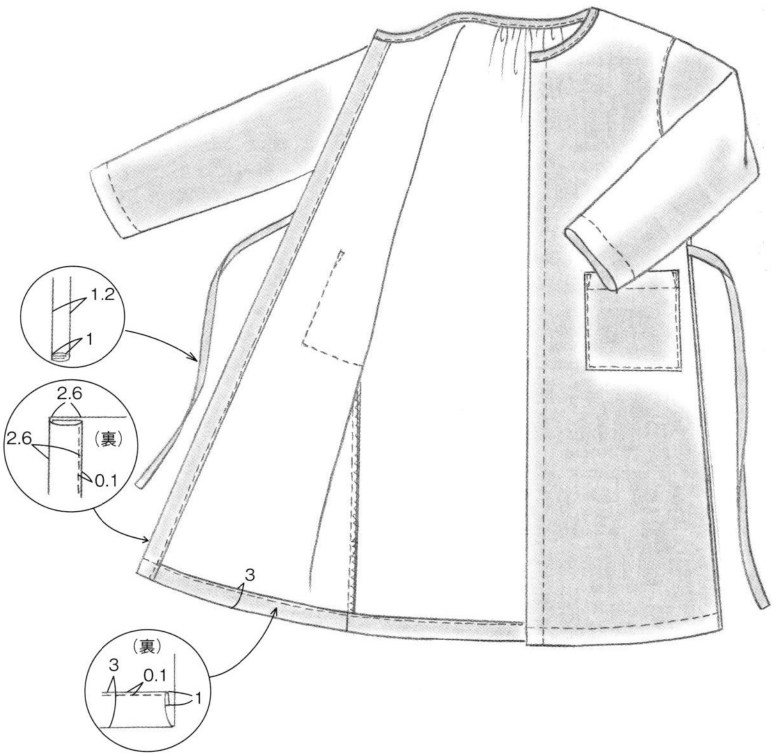

3 ひもを作って、身頃に仮どめする

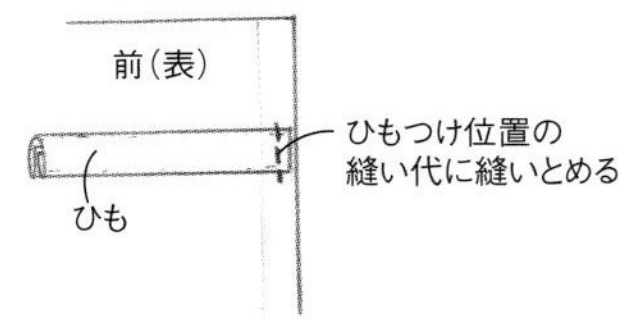

4 脇を縫う

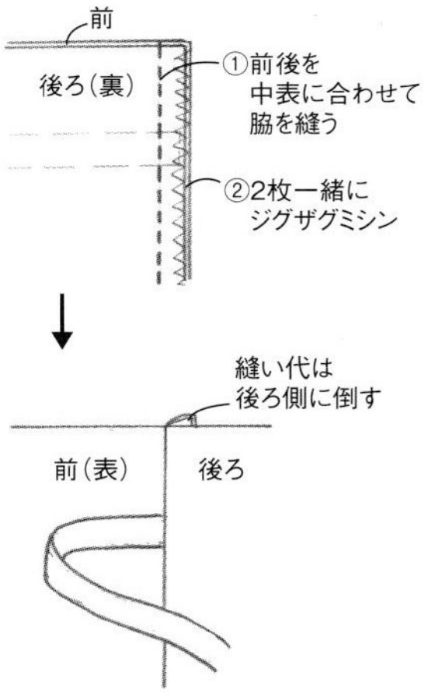

10 後ろ衿ぐりにギャザーを寄せて、衿をつける

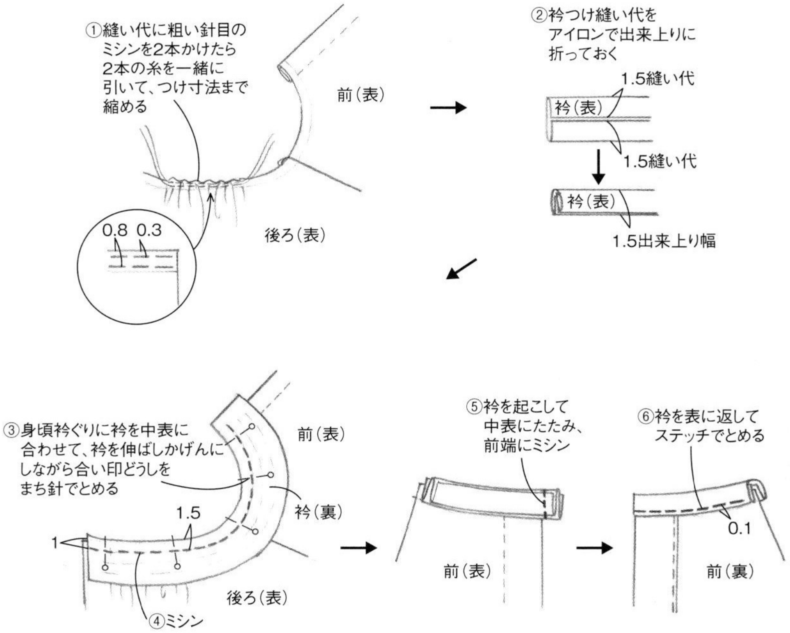

茅木真知子　machiko kayaki

九州生れの東京育ち。みずがめ座、AB型。
文化出版局「装苑」編集部を経てフリーランスのスタイリストとなる。
1992年よりソーイングブックを発表。シンプルでさり気なく、それでいてどこか甘さを秘めた
茅木真知子スタイルがソーイングファンを魅了する。
'95年には布地の店pindot（ピンドット）を東京・西荻窪にオープン。
ソーイングブックで使用した布、ビンテージのファブリック、ボタン、ハンカチなどを求めて多くのファンが通う。
著書『そのまま着ても、重ねて着ても　ワンピース』『かんたんなのに Good Looking』
『ドレスメーキング アット ホーム』『いつもの服をホームクチュールで。』
『ワンピースがいちばん』『茅木真知子ホームクチュールセレクション』（すべて文化出版局刊）ほか多数。

製作協力
鈴木一江　山口悦子　鈴木みさお　福岡裕子　松田千恵子　福山千代実

布地の問合せ先
pindot（ピンドット）
〒167-0054 東京都杉並区松庵 3-39-11 シティコープ西荻 202
Phone 03-3331-7518
12:00〜19:00 営業　　月曜、火曜定休
ホームページ　http://www.pindot.net/

装丁、レイアウト　弘兼奈美（ツーピース）
撮影　山下恒徳
イラスト（p.29）　殖田綾子
技術編集と作り方イラスト　山村範子
本文デジタルトレース　しかのるーむ
パターングレーディング　上野和博
パタートレース　アズワン（白井史子）
校閲　向井雅子
編集　大沢洋子（文化出版局）

きれいにみえる服

2016年4月17日　第1刷発行

著　者　茅木真知子
発行者　大沼　淳
発行所　学校法人文化学園 文化出版局
　　　　〒151-8524
　　　　東京都渋谷区代々木 3-22-1
　　　　電話 03-3299-2489（編集）
　　　　　　 03-3299-2540（営業）
印刷・製本所　株式会社文化カラー印刷

Ⓒ Machiko Kayaki 2016　Printed in Japan
本書の写真、カット及び内容の無断転載を禁じます。

・本書のコピー、スキャン、デジタル化等の無断複製は著作権法上での例外を除き、禁じられています。
・本書を代行業者等の第三者に依頼してスキャンやデジタル化することは、たとえ個人や家庭内でも著作権法違反になります。
・本書で紹介した作品の全部または一部を商品化、複製頒布、及びコンクールなどの応募作品として出品することを禁じます。
・撮影状況や印刷により、作品の色は実物と多少異なる場合があります。ご了承ください。

文化出版局のホームページ　http://books.bunka.ac.jp/